学級担任の全仕事

学級づくり成功の秘訣

山本修司 著

黎明書房

はじめに

　子どもたちは学校で何を学び，どんな力を身に付けていくのでしょうか。

　教育基本法に「教育は，人格の完成を目指し，平和で民主的な国家及び社会の形成者として必要な資質を備えた心身ともに健康な国民の育成を期して行われなければならない」と教育の目的が明記されています。

　要約すれば「自立した人間に成長するための力を身に付けていく」と言えるでしょう。

　具体的には

◇教科学習を通して知識や技能を学ぶ

◇生命や人権を尊重する態度を養う

◇望ましい行動や生き方を考え，実践する

◇自分の長所や特徴に気付き，それを伸ばす努力を続ける

◇友達との交流の中で自分の価値や役割を見出し，自己肯定感や有能感を育てていく

◇未知の世界に興味を持ち，進んで自己の世界を広げていく

等が考えられます。学校教育では教科学習が特に注目されますが，それ以外にも大切なことを沢山学んでいるのです。

　特に重要なのが生きる力（社会性）の育成です。

　30人ほどの子どもが活動する学級は社会の縮図だと考えられます。当然色々なトラブルや問題が発生します。それをみんなで知恵を出し合い，協力して解決していきます。この力を育てることが学校教育で最も大切な目的です。

　少子化や地域のつながりの希薄化が進む今日，子どもたちの社会性を

育てる場としての学校の役割は益々大きくなっています。

　学級は生活環境も保護者の考え方も異なる子どもたちが集まって構成されています。学校生活で子どもたちはそれらの価値観の差異に直面し，何を拠り所にしたらよいのか模索します。

　大切なことは？　自分の特徴は？　自分にできることは何？　幸せとは？　……

　子どもたちはその答えを友達との交流や数々の体験を通して見つけていきます。そしてそれらの答えを基に，自己肯定感を育んでいきます。

　そんな子どもたちに寄り添い，成長を支えるのが教師です。そしてその舞台は「学級」です。子どもたちと教師の信頼で結ばれた「学級」でその力は育まれていきます。

　社会の変化に伴い子どもたちは変わったと言われます。しかし，私の実感として，昔も今も子どもたちは純粋で素直です。子どもたちのキラキラした目を見ると，本質的に何も変わっていないと強く感じます。

　子どもたちは素敵な夢や希望を抱いています。その夢を実現するための力が育まれることを強く願っています。先生方には学びの基盤となる「学級づくり」に全力で取り組んでいただくことを期待します。

　若い先生から種々の相談を受けますが，その多くは「学級づくり」についてです。学級づくりは教師と子ども，そして子ども同士の人間関係づくりです。経験の積み重ねが相当のウエートを占める分野と言えます。いつも同じ方法が通用するとは限りません。子どもたちが異なれば，その子どもたちに適した方法も異なります。どれだけ沢山の方策を身に付けているかが成果を左右します。

　本書は先輩や同僚の先生方から教えていただいたり，子どもたちとの関わりの中から生まれた方策等を整理したものです。先生方が余裕をもって子どもたちとの活動に取り組むための一助になればとまとめました。

　色々な取り組みや方策を取り上げていますが，「何故その方策が有効なのか」，「どのような状況で生かせば効果があるのか」等を十分に吟味して活用していただきたいと考えます。単なる一つのアイデアとして利用しても効果は薄いと思います。

　また，これらの取り組みを1つの参考例として，自分に合った，子どもたちの状況に適した方法にアレンジすることをお勧めします。

　そして，何よりも根底に子どもたちを信じ，期待する先生の思いが無ければ子どもたちに願いは伝わらないでしょう。

　なお，拙著『教師の全仕事』（黎明書房）と併せて活用いただくことでさらに理解が深まるのではないかと思います。

　みなさんが，夢や希望を追いかける子どもたちを見守り，支え，子どもたちとともに成長する教師であって欲しいと願ってやみません。

　先生方のご活躍に心よりエールを送ります。

　最後になりましたが本書の出版にご尽力いただいた黎明書房の伊藤大真様にこの場をお借りして心よりお礼申し上げます。

山本修司

目　次

第3章
求める学級像を明確に

第4章
教師と子どもの信頼関係を築く
（教師と子ども一人ひとりとの関係づくり）

第5章
学級集団づくり
(教師と学級集団との関係づくり)

第6章

学級・仲間を見つめる取り組み
（子どもと子どもの関係づくり）

第7章

保護者との連携

第8章

学年に応じた具体的方策

第9章

生活面の基本事項の指導

第10章
学習指導

第11章
道徳教育

第12章
特別活動

第 13 章
具体的な課題の対策

第 14 章

問題行動・トラブルに対して

第 15 章
学級づくりにつまずいた時

第1章
学級づくりの基盤

　子どもたちは学校で，人として大切なことは何かを考え，周りへの思いやりと優しさを大切にし，自分の良いところに気付き，自信をもって進んでいく力を育んでいきます。その舞台となるのが「学級」です。子どもたちが支え合い，励まし合いながら活動する学級集団を築くためには，どのような要素が必要でしょうか。

［学級づくりの基盤］

　◇信頼関係の構築

　◇自己肯定感の育成

　学級集団づくりで最も大切なのは，「教師と子どもたちの信頼関係」と「子ども同士の信頼関係」の構築です。

　心理学者のマズローは，「人は，生理的欲求，安全の欲求，所属の欲求，そして承認の欲求が満たされると自己の成長を目指すようになる」と述べています。お互いが尊重し合い，安心して交流できることが子どもたちの成長にとって不可欠な要素であると言えます。

　もう一つ大切なのが「子どもたちの自己肯定感」です。「あなたの良いところは？」と尋ねても首を傾げる子どもが多くいます。自分の良さや特徴に気付いていないのです。これは欠点や短所ばかりを指摘する大人の責任かも知れません。

　自分の良いところも欠点も知り，「自分とは」に気付き，そして肯定できることがアイデンティティ確立のスタートになるのではないでしょうか。

［学級集団を支える柱］

　①　ルールの確立

積極的な子も引っ込み思案の子も，同じように安心して活動できるために全員が守るべきルールの設定が必要です。

②　子ども同士の認め合い

　お互いの特徴を理解した上で，尊重し合える関係の中で子どもたちの社会性が育まれていきます。

③　達成感のある取り組み

　運動会や野外活動等，力を合わせることで目的が達成できる取り組みを重ねることで，協力することの大切さを学んでいきます。

④　保護者との連携

　子どもたちは温かく包まれた家庭での育みと，集団の交流を通しての学校での学びを基に成長していきます。

　従って，一人ひとりの子どもたちのことを熟知している保護者と，集団の中での子どもの姿を理解している教師が協力することは子どもの健やかな成長に欠かすことができない大切な要素です。

　これらの学級集団の柱を確立するために，ポイントとなる取り組みを考えていきましょう。

第2章
子ども理解

　学級づくりに際して，何よりも子どもたちについての知識や情報が必要です。担当する子どもたちの発達段階における特徴や，個々の子どもについての情報をきちんと整理しておきましょう。

第1節　発達段階の理解

1　小学校低学年

（認知面）

　　◇具体的なことしか理解できない（抽象的なことはイメージできない）

　　◇自分は今，何をしなければならないのか等，自己を客観的に捉える力が弱い

（情緒面）

　　◇経験が少ないので，想定外の出来事にはパニックを起こす

＜1年生＞

　　◇入学当初は自己中心的で，感情的，衝動的な言動が目立つが，自分の思い通りにいかない経験を重ねることで，次第に自己中心性が薄れていく

　　◇教師と子ども個々との関係が中心で，学年後半になって2～3人グループでの活動が可能になる

　　◇友達関係は席が近い，家が近所等の物理的理由や，好き嫌い等の心理的理由によって成立するが，十分相手を理解した関係ではないので，衝突や分裂が頻繁に起きる

　　◇入学当初は45分間集中して授業を受けるのは困難な状態なので，

興味を引くことで導入し，45分をいくつかの内容に分けて指導
する等の工夫が必要となる

入学して子どもたちが戸惑うのは，「集団での行動が基本となる」「時
刻ごとのスケジュールに則って行動する」「学習の時間が増える」等，
今までの生活と大きく異なることです。

担任は「子どもたちはそれぞれ発達や学習の状況が異なり，同じ状態
で入学してくるのではない」ことを十分に認識する必要があります。ま
た，これから何年間も続く「学校生活」の基礎を築く重要な学年である
こともしっかり自覚して指導に当たりましょう。

発達段階と現状を理解し，余裕を持って子どもたちに接することが大
切です。

＜2年生＞

◇中心となる子どもが現れ，グループ集団は結びつきが強くなって
くる

◇役割分担して活動できるようになり，きまりの大切さを認識する
ようになる

◇周りの大人や子どもと交流する中で，他の子どもにも自分と同じ
「思い」があり，その子だけの内面世界があること等，相手の「こ
ころ」の世界を理解するようになる

◇まだ自分の能力を自覚できていないので，他の子ができることは
自分も頑張ればできると前向きに考える

2　小学校中学年

人間の成長の過程で，「質的変化」が起こる時期で，種々の能力が発
達する時期であるが，反面，それにつまずく子どもも多い

⇒　「9歳・10歳の壁」

（認知面）

◇具体的操作期から抽象的操作期に入り，具体的な数や量の背景に

法則性があることにも気づくようになる等，目に見えない世界の
概念をもつことができるようになる

◇物事を論理的に考えることができるようになる

（情緒面）

◇友達のことや他の人のことについて，自分のことのように考える
ことができるようになり，他の人の気持ちが分かるようになる

◇自己主張が強くなる

＜3年生＞

◇いつも行動を共にする仲間ができてきて，友達関係が固定化し，
密接になる

◇徒党時代（ギャング・エイジ）と呼ばれ，リーダーを中心に自分
たちのルールを設定し，子どもだけの自立的な集団を組織して，
行動するようになる

◆集団内の結束は固く，「秘密の合言葉」や「基地」を作り，大
人の目を盗んで冒険や探検に挑戦する

（時には反社会的な行動を起こすこともある）

◆仲間集団と他の仲間集団との区別が明確になり，しばしば集団
同士の対立が生じるようになる

◇仲間だけで楽しく学級生活を送ろうとする小集団による活動が目
立つようになり，学級全体としてのまとまりが育ちにくい

◇男女の違いの意識の高まりで，異性間のトラブルも頻繁に起こる

＜ギャング・エイジの大切さ＞

遊び集団を通して，人との付き合い方を身に付ける大変重要な場と考
えられます。

①　自分たちだけのルールとマナーを作りだす

②　ルールやマナーを守ることを学ぶ（守れないものは仲間に入れない）

③　色々なトラブルを処理する知恵を身に付ける

　→大人に頼らず，自分たちの力で物事を解決していく方法を体得する

徒党を組むことで，教師や他の友達の出方を試すような逸脱行動を起こすことがありますが，教師は発達段階の一過程と捉え，余裕をもって対応することが大切です。教師の一貫性のない指導は行動を助長させる原因となりますので，十分に注意しましょう。

＜4年生＞

　◇少しずつ小集団がまとまり始めるようになる

　◇リーダー的な子どもを中心に計画的な活動ができるようになる

　◇活動が学級だけでなく，学校全体に広げられるようになってくる

3　小学校高学年

（認知面）

　◇抽象的思考能力が発達し，記憶力や論理的思考力も向上する

（情緒面）

　◇自立心が芽生え，納得できないと反抗的な態度を取るようになる

　◇親も「他者」として見るようになり，自分とはかけ離れた存在であると認識するようになる

　◇内面世界に関心を持ち始める時期で，情緒的に不安定になることがある

　◇自分がよく分からない等，自己評価や自己受容がうまくできず，気持ちや行動もうまく言語化できない

（友達関係）

　◇友人と比較して自己評価し，自己の能力を自覚し始める

　→自己肯定感の低下につながる

　◇大人の影響が薄れてきて，仲間集団からの評価で自分を判断するようになる

　　　→友達から認められたいという欲求が増してくる
　◇気の合う友達とそうでない子との付き合い方が違ってくる
　　　→小グループ化が進み，他のグループの批判をするようになる
　◇同調性が強く働き，友達の反応を気にする
　　　→一緒に悪いことをする等，不適切な行動をとることで結束を固
　　　　める　※「みんなやっている」
　　　　善悪の物差しが，親や教師のものより仲間集団のものになって
　　　　きて，「みんなもやっている」ことが正当化され，自分も許容さ
　　　　れるはずだと考える
　◇不安から，いつでも一緒に同じように行動する傾向が強まる
　◇自他の違いが分かるようになり，自分より劣っている者を下位に
　　置くことで，優位性を保とうとする
　　　→いじめの芽にならないように注視が必要
　◇第二次性徴で，性を意識し，男女間の溝を深めていく

＜性的発達に関して＞

　◇体つきや顔，目，鼻，口等の形の変化，他の子との比較からくる
　　不安や劣等感等，それをどう受け入れたらよいのかに悩む
　◇性への関心と，性衝動対処への不安が生じてくる
　　　⇒高学年から中学生にかけ，友人との交流，親や教師の理解の中
　　　　で，「自分だけではない」ことに気付き，「負」の部分も自己受
　　　　容し，開き直っていくようになる

＜5年生＞

　◇学級の仲間意識が芽生え，学級としてのまとまった活動ができる
　　ようになる
　◇集団の所属意識や役割意識を自覚するようになる
　◇友達の長所や短所を客観的に捉えられるようになるが，独断的な
　　価値観に固執する傾向も強くなる

<6年生>

 ◇学校全体の行事に役割と責任を自覚して取り組めるようになる

4 中学生

 思春期…児童期と成人期との間の14, 5 ～ 24, 5 歳を「青年期」と呼び, 青年期の前半が「思春期」と呼ばれる（大人でもない, 子どもでもない不安定な時期）

（情緒面）

 ◇人それぞれに独自の内面の世界があることを認識するようになる

 ◇絶対的に信頼していた親等の大人の価値基準から, 理想像に照らして現実の親や教師等, 大人を見るようになる

  ⇒ 「大人は, 正しい人であるべき」で, 親や教師がそれに値するかを判断し, ギャップを感じた時, そのような人物が自分に指示することは認められないことと, 反抗的な態度を取る（時には非行や犯罪を犯すことも）

  ※青年期中期以降は, 親を「1人の人間」として見られるようになる。

   →親もまた, 自分と同じく欠点や弱点と長所を持ちながら生きている人間であることが理解できるようになる（親子関係の再構成に向かう）

（友達関係）

 ◇自分の考えや価値観, 能力, 技能等を友達と比較し, 順位を決める

  →仲間の目が自己評価を支配する

 ◇仲間集団ではそれぞれの役割を自発的, あるいは強制的に演じることが求められる（リーダー, 追随するもの, 傍観者, 道化役……）

 発達には個人差があります。決して固定的に捉えないように。

第2節　個々の子どもの特徴を知る

　個々の子どもを知るには，生活環境や性格，能力，個性等を理解することが必要でしょう。子どもたちを1人の「人」として尊重し，その姿を総合的に捉えることに努めましょう。

1　前学年の担任等から

　それぞれの子どもについて担当した前担任等から，必ず引き継ぎをしておきましょう。色々な場面での効果的な個別の指導法も忘れずに。

　1年生は，保育園や幼稚園との連携が重要です。

2　資料から

　指導要録等の資料から，学習状況や学校生活の様子を知ることができます。

　また，家庭状況調査票等から，住居や家庭の様子，保護者の願い等が把握できると思います。

　しかし，参考資料ですから，固定観念に縛られないように気を付けてください。

　できれば校区地図に学級の全ての子どもたちの住居を記入してみましょう。子どもたちの近所の友達や通学路の安全確認等に役立ちます。

3　日々の活動から

　日々の行動観察や，家庭訪問，個別面談，子どものアンケート等の資料も参考にして，子どもの理解に努めましょう。子どもの小さな成長にも即，声かけする等，敏感に対応することを心掛けましょう。

　イメージではなく，子どもの真の姿を見つめることが大切です。

第3章
求める学級像を明確に

　学級づくりには明確な目標が必要です。子どもたちが「自分たちは何に向かって取り組むのか」が理解できる目標です。

　教師がどのような学級を作りたいのか，どのような人に成長して欲しいのか，明確な理念をもち，その思いが子どもたちに伝わるように目標を設定しましょう。

　そして，新学年当初に子どもたちにしっかり説明しましょう。

　ちなみに，「自分の学級が好き」と答える子どもたちにその理由を問うと，「みんなに大切にされていると感じる」，「学級の中に自分の役割がある」，「学級のみんなが協力的である」，「みんな優しく，思いやりがある」，「みんな責任感がある」，「学級の目標がはっきりしている」等の答えが返ってきました。子どもたちにとって居心地の良い学級を作る参考になるのではないでしょうか。

　学級集団づくりの具体的な取り組みを
　◇「教師」と「子ども一人ひとり」との関係づくり（第4章）
　◇「教師」と「学級集団」との関係づくり（第5章）
　◇「子ども」と「子ども」の関係づくり（第6章）
の3つの視点から考えます。

第4章
教師と子どもの信頼関係を築く
（教師と子ども一人ひとりとの関係づくり）

第1節　子ども一人ひとりとの信頼関係を築く

　教師に「子どもとのつながりを大切にしよう」という意志がなければ信頼関係は築けません。個々の子どもの言動をしっかり受け止め，「先生と居ると安心」と子どもが感じられることが大切です。どの子にも公平に，そして丁寧に対応することを心掛けてください。

　では，関係づくりの具体的な工夫を考えてみましょう。

1　一人ひとりに丁寧な対応を心掛ける

◇できる限り，毎朝登校して来る子どもを教室で，明るい声で挨拶して迎える

　→子どもたちにとって，それだけで安心して1日が送れるようになります（校長先生方と校門で子どもたちを迎えることも，全校の子どもたちを知る上でとても有効な方法です。時々やってみましょう。）

◇子どもの話をしっかり聞く

　言葉の背後にある気持ちを理解する

◇毎日子ども全員と会話する

　（密かに）チェック表を用意し，会話していない子がいないか確かめる

　※年度当初は毎日，その後は必要に応じて実施する。

◇小学校低学年では，名前を頻繁に呼ぶ

　全体に呼びかけても，「自分のこと」とは意識できていないことが多い

◇一斉指導で反応しない子には，スキンシップを用いる

　（傍らに立つ，背中に触れる，頭を撫でる　等）

◇子どもたちの色々な場面での様子を見守る

2　子どもとつながるチャンスを逃さない

◇始業前，授業間休み，昼休み等，子どもからの話しかけにはきちん
　と応答する

※会話の中に他の子どもの情報が含まれていることがあります。それ
　を指導に生かす際には情報源を明かさないように注意すること。

◇子どもに手を貸してやれる場面や困っている場面では，子どもの気
　持ちに沿った対応を心掛ける

例えば体調の不調を訴えて来た時，即，保健室に行くように指示する
のではなく，優しく「朝からの状態を聞き」，「体温を測り」，その結果
で保健室に行くか，様子を見るか判断する　等

3　子どもとつながるチャンスを作る

子どもと行動する機会をできるだけ多く設けることがポイントです。

◇子どもと遊ぶ

　休憩時間，リクレーションの時間　等

◇掃除当番，給食当番等，当番活動を一緒に行う

◇仕事を頼む

　その子にできる仕事を頼み，必ずお礼を言う

◇授業の中で，課題を解いたノートを個々に見せに来る機会を設ける

　→必ず褒めたり，励ましたり，丁寧なコメントを与える

◇一文日記を実施する

　出来事や思いを，書くことが負担にならない短い文で書くことを勧
　める

　→教師は必ず返信する

◇子どもの変化を見逃さない

　気づいたことを伝え，いつも見守っていることを感じさせる

　◇1学期の始業式の日にクラス写真を撮り，翌日までに全員の名前を覚え，次の日から子どもを名前で呼ぶ

　　→子どもたちは驚くと共に，とても嬉しい表情で答えてくれるはずです

4　個別指導の時間を設ける

　それぞれの授業の中で，一人ひとりに応じたアドバイスや励ましの言葉を与えることを心掛けてください。

　また，月に何時間か，国語や算数の理解度に応じた学習ができる個別学習のための時間を設けることもとても有意義だと思います。自分に合った進度で学習することで，子どもたちのモチベーションが上がります。

　［個別学習の方法例］

　◇実施日

　　毎月第2，第4金曜日の第6校時

　◇教材

　　国語の読解問題，漢字問題，算数の文章問題，計算問題等

　　※事前に1年生から6年生までの課題を準備しておく。

　◇留意事項

　　今の学年より前の学年の課題に向かう子どもも多いので，「理解度に応じた学習をすることの大切さ」を十分に納得させておくことが必要

5　個人懇談の実施

　教師と子どもの2人だけの時間を設定します。子どもの思いを知るだけでなく，教師の願いを伝える絶好の機会です。

　できれば年間4〜5回実施することを勧めます。

　◇四月

得意なこと，努力していること，頑張りたいこと，仲良しの友達，先生への願い等，事前のアンケートを基にお互いの理解を深める機会とする

◇各学期末

学期の振り返りと，次の学期や学年への期待を伝える

※子どもや保護者の方々から喜ばれる取り組みになると思います。

6　家庭訪問の実施

学校として実施する家庭訪問以外に実施するものです。

◇長期休業中

子どもの様子を知り，次学期への期待を伝える

◇保護者と面談した方が良いと考えられる事象が生じた場合

面談することでお互いの思いや考えが交流でき，良い結果に結び付く

→嬉しい報告は電話で，面談が必要な事象は家庭訪問で

7　子どもの意識調査の実施

子どもの思いや現状を把握するだけでなく，教師に見えない子ども間の情報を得るのにも大変有効な方法だと言えます。

四月は2週間に1回，その後は月に1回程度のペースで実施するとよいでしょう。

内容は，得意なこと，苦手なこと，嬉しいこと，困っていること，悩んでいること，興味があること，将来の夢，努力していること，頑張っている友達のこと，アドバイスしてあげたい友達のこと等について，毎回3〜4問ずつ質問します。

※解答が他に漏れることのないように注意を。

8　やる気が生まれる言葉がけ

自分は信頼されていると感じている子は，先生の期待を裏切りません。

◇低学年では，良いところをドンドン見つけ，一つひとつ言葉で伝え

る（一人ひとりに違った言葉で，具体的に伝える）

◇高学年や中学生は，褒め過ぎるとバカにされたように感じるので気を付ける（何時も見ていることを伝えるために，小さな変化にも声かけをする）

◇子どもが良いことをした時，心から「ありがとう」「嬉しいな」「助かるよ」等の言葉を忘れない

◇子どもに仕事を頼み，子どもたちを褒めたり，感謝する機会を作る
　※褒める時は皆の前で，叱る時は個別に。

◇良いことがあった日は，必ず保護者に報告する（電話，連絡帳で）
　→喜びを保護者と分かち合う

第2節　豊かな心を育てる

　豊かな心とは，自他の生命や人権を大切にする，他人を思いやる，正義や公平を重んじる，決まりを守る，責任を果たす，自立や自律を目指す，自分の価値や存在を評価する，平和を求める，美しいものに感動する等,幅広く物事を捉えることができる心の持ち方です。豊かな心は色々な体験を積み重ねることで育つものだと言えるでしょう。

1　感受性を育てる

　感受性とは，相手の気持ちに近づく，相手の願いが分かる，相手と同じ気持ちになれる等，相手の気持ちを感じ取る力を意味します。

　感受性は豊かな体験の積み重ねと，大人の働きかけで育まれるものです。教師が色々な出来事に関連して「嬉しいね」「楽しいね」「悲しいね」「きれいだね」「美味しいね」「優しいね」等，感情を言葉にして示すことで子どもたちの心に染み込んでいきます。

　そのためにも教師が日々感性を磨くことが大切でしょう。

2　感情体験の場を与える

　色々な感情の感覚を磨くため，すごく嬉しいこと，悲しいこと，腹立

たしいこと，楽しいこと等を素直に発言する機会を沢山与えます。前述の「子どもの意識調査」等を利用するのも1つの方法です。

3 心を動かされる機会を与える

映画やドキュメンタリー番組の視聴，新聞記事や物語の読み聞かせ，ニュースや話題を題材にした講話，ゲストを招いての講話等，感性に働きかける機会を与えます。

毎朝，自分が心を動かされた出来事や体験を1つ話してから授業に入る先生がいました。子どもたちは「今日はどんなお話だろう」と楽しみにしていました。当然この学級はとても落ち着いた学級になりました。

4 花や植物，昆虫や小動物に接する機会を与える

子どもたちは生き物や草花の世話を通して，生命の大切さ，不思議さや自然への親しみを感じます。自分たちを取り巻く世界の営みへと視野が広がることが期待されます。

第3節 自己肯定感を育てる

自己肯定感とは自分を肯定する心の持ち方で，「自分は価値のある人間なのだ」と自分の存在に自信をもつ感情です。

これは「自分の長所を自覚する」「自分の価値や存在を評価する」「認められる」「頼られる」「経験を重ねて自信をもつ」等により育つものです。

教師は子どもたちの自己肯定感を育てる視点をもち，一人ひとりの考え方や行動に目線を合わせ，豊かな体験ができる環境を整えましょう。

1 自己を見つめる

「自分」について考えることを通じ，自分の特徴を見つける取り組みです。

◇日記

日々の出来事について考えたことを顧みる

◇手紙

自分へ，友達へ，10年後の自分へ等，自分を客観的に捉える

◇作文

自分の長所，自分の欠点とその克服のために努力していること

友達からのアドバイス等について

◇感想文

行事の終了後等，事あるごとに感想を書かせ，自己の思いを明らかにさせる

◇「すてきな人に」の実施［34頁参照］

自分と学級集団に向き合い，モニターすることで今まで気付かなかった自己の発見につなげる

すてきな人に(1)から(6)の設問に丁寧に答え，(7)でまとめをする

2　目標を設定する

目標は頑張るエネルギーになります。

身近なことで，少し頑張れば達成できる目標を設定させる

→その成功体験を積み重ねることが自信につながる

※達成できたからと言って，次に高いハードルを設定しないこと。

3　考える習慣を身に付ける

教師や保護者等，大人から考えを与えられるのではなく，一つひとつ自分との関わりで考え，答えを見つけることで主体性を育てる

（例）幸せとは？　平和とは？　勉強は何のためにするのか？

自分はどんなことで役に立てるのか？

4　思いの発表会

安心して素直な気持ちを伝える経験を積み，周囲との信頼関係を深めていく

◇定期的にアンケートを実施し，それらをまとめてみんなに配布する

→その発表について感想があれば述べてもらう

（例）嬉しかったこと，悲しかったこと，嬉しかった言葉，期待して
　　　欲しいこと，言って欲しい言葉，みんなに自慢したいこと，○○に
　　　お礼を言いたいこと，聞いて欲しいこと　等
　　　※名前の公表は本人の承諾を得る。

5　夢を育てる

夢につながる未知のものに触れる機会を沢山設定する

◇ヒーロー（憧れる人）に触れる

　●身の回りの職業人，スポーツ選手等にゲストティーチャーとして
　　その職業の凄いところや楽しさを語っていただく

　●職業人を招いて子どもたちと交流する機会を設ける
　　（PTAとの共催行事として実施する方法も）

　●テレビや新聞記事等も活用する

◇職業の紹介

　●世の中にはどのような職業があるのかを紹介する

　●興味のある職業について調べ，発表会を開く

◇夢や希望を実現するための手立てを考える

将来どんな人間になりたいのか，どのような職業に就きたいのか考
える

　　→その理由は？

　　→そのために何が必要か？

　　→今，何をしなければならないか？　等

6　得意なことの発表会

スポーツ，芸術，趣味等得意なものを発表する場を設定する

◇何でもチャンピオン大会　等

　　→自分の特徴や特技がみんなに認められることで，自信が生まれる

7　役に立つ

他の人の力になる，役に立つ機会を多く与え，その成果を紹介する

（例）係活動，当番活動，低学年の世話等

　　→子どもたちの間に信頼感が生まれ，認め合える関係につながる

8　教師の積極的な働きかけ

子どもとの行動を大切にし，思いを十分に聞く

◇授業の中や日々の生活の中で肯定的なアドバイスを与える

◇小さな変化や行動を見逃さず，良い行いを褒める，努力を評価する，励ます，「信頼している」のメッセージを送る，こまめなアドバイスを与える　等

※大人の尺度で評価したり，他の子と比較したりしない。

9　子どもの自尊心を大切にする

◇失敗を責めない

◇欠点より長所に注目する

◇結果より行いを評価する　等

※小学校高学年になると，自己の評価が主観的，外見的なものから，客観的，内面的なものに変化するので，自己肯定感を低下させないように配慮する。

[第5章　学級集団づくり，第3節3タイムリーに褒める，参照]

すてきな人に(1)　　[　　　　　　]

(1) 自分のことで，自慢できることは。

(2) 他人から見た自分の良いところは。

(3) 最近，自分でもうまくやれたと思うことは。

(4) 自分が一生けんめいやっていることは。

(5) 自分にとって，最もうれしかったことは。

(6) 他人からほめられたことは。

(7) やってみて，よかったと思う大事なことは。

(8) 他人から，うらやましがられることは。

(9) 昨年にくらべて，成長したと感じることは。

(10) がんばって克服できたことは。　　※克服＝のりこえる

(11) 今の生活で，目標にしていることは。

(12) これから克服しようと思っていることは。

(13) 人の役に立っていると思うことは。

(14) 気持ちをおだやかに保つために努力していることは。

すてきな人に(2)　　　[　　　　　　　　]

(1)　今，心配していることは。

(2)　将来について，心配していることは。

(3)　やらなければいけないと分かっているが，気がすすまず，やれないでいることは。

(4)　いやだけど，どうしてもやらなければいけないと思っていることは。

(5)　失敗しそうで困っていることは。

(6)　友達とのつきあいで，一番困っている自分の問題は。

(7)　自分のことを「いやなやつだなあ」と感じるのはどんな時。

(8)　最もにがてとする人は。

(9)　恐ろしいと思っていることは。

(10)　思い出したくない今までの出来事は。

(11)　やらなければよかったと後悔することは。

(12)　他人から見た自分の欠点は。

(13)　自分の思い通りにならず，困っていることは。

(14)　できれば直したいと思っている自分の欠点は。

(15)　今，一番困っていることは。

(16)　自分の思いを一番分かってほしい人は。

すてきな人に(3)　　　[　　　　　　　]

(1)　あなたは，これからどんな人間になりたいと思いますか。下のA
　　のらんに大切だと思う順に，1．2．3……と番号をつけてください。

(2)　あなたは，今の自分をどのように考えていますか。下のBのらん
　　に，できていることは○，まだ十分でないと思うことは×を書いて
　　ください。

		A	B
1	責任感があり，やるべきことをきちんとする。		
2	正直である。		
3	だれにでも優しく，思いやりがある。		
4	苦しいこと，難しいことに負けずに取り組む。		
5	みんなに協力する。		
6	善いことと悪いことの区別ができる。（けじめがつけられる）		
7	勉強ができる。		
8	清潔（せいけつ）である。		
9	顔がかわいい。スタイルがよい。		
10	ユーモアがある。		
11	明るい。		
12	勇気がある。		
13	くよくよ悩（なや）まない。		
14	有名になる。		
15	お金持ちになる。		
16	友達を大切にする。		
17			
18			

(3)　上のAとBを比べて，今の自分をどのように考えますか。

すてきな人に(4)　　　[　　　　　　　　]

(1)　言われてうれしい言葉は何ですか。

(2)　言われていやな言葉は何ですか。

(3)　どんな友達がほしいですか。

(4)　あなたの友達と，その友達の良いところを答えてください。

(5)　あなたが，「えらいなあ」とか，「立派だなあ」と思う人の名前と，
　　えらいと思うところを答えてください。

(6)　このクラスの良いところをあげてください。

(7)　このクラスの悪いところをあげてください。

(8)　今，あなたはクラスのために，どんなことをがんばっていますか。

(9)　このクラスをどんなクラスにしたいですか。

(10)　(9)のようなクラスにするためには，あなたは，どんなことをがん
　　ばらなければいけないと思いますか。

すてきな人に(5)　　　[　　　　　　　　]

(1)　今までに，あなたは，意地悪をされたことがありますか。それは，どんなことでしたか。

(2)　(1)の原因は，何だと思っていますか。

(3)　意地悪をされた時，どんな気持ちになりましたか。

(4)　意地悪をされた時，だれになやみを打ち明けましたか。

(5)　今までに，あなたは，意地悪をしたことがありますか。それは，どんなことでしたか。

(6)　(5)の原因は，何でしたか。

(7)　意地悪をした時の気持ちは，どんな気持ちでしたか。

(8)　意地悪をされた人は，どんな気持ちだったと思いますか。

(9)　意地悪をした時，された人の気持ちは分かっていましたか。

(10)　意地悪をされている人がいる時，あなたはどうしますか。

すてきな人に(6)　　　[　　　　　　　　　]

(1)～(5)を見て,気がついたこと,気をつけようと思うことを書きましょう。

(1)　言われてうれしい言葉

(2)　言われていやな言葉

(3)　このクラスの良いところ

(4)　このクラスの悪いところ

(5)　どんなクラスにしたいか

すてきな人に(7)　　　[　　　　　　　　]

◇今までの「すてきな人に」を通して，「自分」について分かったことをあげてみてください。

- ・
- ・
- ・
- ・
- ・
- ・
- ・
- ・

◇「自分」が見つかりましたか。
(1) そんな自分をどう思いますか。

(2) これから，どのように生きていこうと思いますか。

学級集団づくり
（教師と学級集団との関係づくり）

　四月当初に「自分たちの学級の基本的な行動方法」を指導することが重要です。

　ここでの指導が1年間を決めると言っても過言ではありません。子どもたちが前学級の方法との違いに戸惑わないように配慮しながら，丁寧に指導しましょう。

第1節　担任の目標の明示

　◇教師の期待を込めて，「先生はこんな学級を作りたい！」と目標を明示する

　そして機会あるごとに子どもたちにそれを提示することにより浸透させていく［第3章　求める学級像を明確に，参照］

第2節　基本的なルールや規律，適切な行動を身に付けさせる

1　学級のルールを作る

　◇年度当初は教師がルールを管理した行事（クラスゲーム等）を多く取り入れ，「教師に従う」意識を身に付けさせる

　◇「弱い立場の子どもも安心できるように」等，ルールが必要な理由を説明し，納得させる

　◇みんなが守らなければ困るルールをみんなで考える

　＜学級のルール＞大切な3点について

◇してはいけないこと

　◆命にかかわること，ケガをすること

　◆友達が嫌がること（暴力，悪口，陰口，無視　等）

◇基本的な生活習慣に関すること

　◆挨拶や返事（「お願いします」等も）

　◆整理・整頓，時間を守る

　◆忘れ物をしない

　◆係や当番は責任をもって行う　等

◇学習に関すること

　◆話を静かに聞く

　　（発表が苦手な子も安心して発言できるように）

　◆発表する時は手を挙げ，指名されてから

　◆授業中，立ち歩かない

　◆トイレは休み時間に行く

　◆勉強の準備（教科書，ノート，筆箱，下敷きの準備　等）

　※「間違った子」への対応も教えておく(笑わない,馬鹿にしない　等)。

　万一，問題が起きた場合には，全体への指導をタイムリーに行うことが大切です。

　一度にいくつも指導しても身に付かない！

　→１日に１つずつ付け加えていく

２　望ましい行動とその価値を教える

◇基本的生活習慣，コミュニケーション・スキル，学習規律等，日々の生活での望ましい行動の方法を指導する

・それぞれの行動の望ましい方法を考える（その理由も）

・ソーシャルスキル・トレーニングで身に付ける

（例）挨拶，返事，清掃，後片付け，机の整頓，落ちているゴミを拾う　等

［留意点］

◆できるまでやらせる

◆できた子を褒める

◆できているか，定期的に点検する

◆ある程度定着したら，子どもたちに任せる

3　聞く力を育てる

　聞く力はどのような場面でも必要とされるものです。学習の基盤となる「聞く力」の育成に全力で取り組みましょう。

　※その力を育成するためには，話し手と聞き手の良い人間関係を成立させることが不可欠です。日頃から，子どもたちとの交流に努めましょう。

　①　「聞くことは大切である」ことを，理解させる

　　◇聞くことで内容が理解できる

　　◇聞くことで新しい知識が得られる

　　◇聞くことで相手の気持ちや考えが分かる　等

　　　→では聞かないとどうなるか考えさせる

　②　聞き方を指導する

　　◇体全体で聞く

　体の向き（話す人に向ける），目（話す人を見る），耳（集中して聞く），口（閉じて静かにする），頭（考える），首（頷く，傾げる），手（机の上に置いて指を組む）

　　◇静かに最後まで聞く

　　　※学年の特徴を踏まえた指導が必要

　低学年…◇聞きたいことしか聞かない

　　　　　◇長時間は集中できない

　高学年…◇長時間，興味のない内容の話でも聞ける

　　　　　⇒低学年からの積み上げが重要

③　読み聞かせを取り入れる

興味をもつ話を読み，聞くことが楽しいことにつながる経験を積ませる

④　話す側の気持ちを考えた聞き方を教える

（例）カウンセリングゲーム［第6章，第2節1(3)，参照］

⑤　聞かない時

◇全員が注目するまで，話を中断して待つ

◇「聞いていないから，お話はストップだよ！」と厳しく対処することも必要

⑥　聞いていないと困る状況を作る

発言を繰り返さない，聞き直しをさせない

→内容について質問する　等

※教師が普段から子どもの話をきちんと聞き，聞き方の手本を示すことが大切です。

＜教師の工夫＞

①　聞き手の子どもに分かるレベルの言葉で話す

②　子どもの実態に応じた適切な時間と，話の量を考慮する

※色々な場面での指示は1つか2つ。

→多く話すのは，教師の自己満足にしかならない

③　話し方を工夫する

●何気ない話でも，聞きたくなるような切り口で

●話し方の緩急，声の大小，強弱，話の間合いを効果的に

④　毎日の1限目は教師の講話か読み聞かせで始める等，「聞く」活動で1日が始まる習慣を作る

4　学級の目標を設定する

担任の目標を実現するための目標をみんなで作る

→短く，色々な場面で使え，語呂のいいものを

※学期ごとの目標や毎月の目標を設定することも，子どもたちのモチ
　ベーションを高めるのに有効。

※目標倒れにさせないために，毎週の初めに目標の再確認や達成状況
　の点検を行う。

◎四月初めの「ちょっとしたルール破り」を絶対に許さない

第3節　認め合える温かい関係を築く

　子どもたちが安心して発言することができ，認め合える関係を作るこ
とが大切です。

　どんな行動が望ましいのか，どういう子が素晴らしいのか理解させて，
「頑張りが報われる学級」を作りましょう。

1　人権教育の推進

　人権とは「全ての人が生まれながらにもっている幸せになる権利」の
ことです。人権教育は，様々な差別や偏見を許さず，自分も他の人々も
大切にする態度を育てる最も大切な教育だと言えます。

＜人権教育の進め方＞

　人権感覚を育て，感じ，考え，行動する力を育てる

＜人権感覚＞

　人権が大切にされているか，されていないかを敏感に察知する感覚

＜人権教育の内容例＞

　　◇色々な人権に関わる問題を学び，理解させる

　　◇自分たちの行動について考えさせる

　　◇異なったものもその存在を尊重して受け入れられる感覚を育成す
　　　る

　　◇人の気持ちに共感し，大切にする姿勢を育成する

　　◇「偏見」や「差別」に気付き，その解消に努める姿勢を育成する

◇協力して課題を解決しようとする姿勢を育成する

◇自分を大切にする感情を育成する

◇望ましい人間関係を育成する　等

＜人権教育の指導の留意点＞

知識の習得より，態度や行動に結びつく実践的学習を重視する

◇日常の場面での人権問題にかかわる事象を教材にする

◇多くの人々の生き方に触れさせる

　　本人の講話，DVD・映画，書物，新聞・ニュース　等

◇ロールプレイング等の体験学習を活用する

　　・差別する側とされる側と，立場を変えて学習させる

　　　→相手の心の痛みが分かり，より具体的な理解ができる

　　※教師自身が人権感覚を磨き，高める努力をすることが重要。

２　望ましい価値観を明示する

前述の［第2節　2望ましい行動］の基盤となる価値観や教師が大切だと考える価値について，機会あるごとに説話を続けると共に，子どもたちに考えさせる

３　タイムリーに褒める

［前向きな姿勢］［努力］［優しい行動，思いやり］［日々の小さな望ましい行動］等を見逃さずに褒めることで，望ましい行動についての意識を定着させる

＜褒めると叱る＞

(褒める)

◇具体的な行動を，心から褒める

◇小さな変化も見逃さず褒める

◇友達の良さを見つけられた子どもを褒める

◇グループ活動ではチームワークの良さを褒める

◇授業では，机間指導で個別に褒める

◇ルール，約束が守れた場合，具体的行動を取り上げて褒める

◇一人ひとりが認められる場を作る

（叱る）

生命の危険を伴う行動，人権を損なう言動，ルール破り等の行動は厳しく叱る

◇「なぜ叱られたのか」を理解させる

◇その行為は許されない行為であることを理解させる

◇どうすれば良かったのか，望ましい行動を考えさせる

感情的な叱り方，威圧的な叱り方，存在を否定するような叱り方は厳禁

→指導が十分でなかった教師自身の反省を込め，子どもと痛みを分かち合う意識が重要

※「褒める」に値する事象だけを褒めることが大切で，何でも褒めていては子どもは満足感が得られません。

※子どもは,叱られると自分が全否定されたと感じてしまいます。「その行為」だけが良くなかったことを理解させることが重要です。

⇒「褒める」と「叱る」を適切に使い分けることで，子どもたちは「望ましい行動」を理解するようになります。

4　子どもたちの良い行いをみんなに紹介する

それぞれの子どもの頑張りや良さをみんなで共有する

※全ての子どもを偏りなく取り上げること。

5　道徳教育の推進

道徳とは，みんなで幸せに生活していくための行動の仕方です。

道徳教育とは，様々な場面でどのように行動するのが望ましいのかみんなで考える教育です。［第11章参照］

第4節　達成感のもてる取り組みの実施

　子どもたちがお互いを理解するのに最も有効な方法は，一緒に活動することです。活動する中で生じる色々なトラブルやぶつかり合いを解決しながら，友達の良いところや，友達との距離感に気付き，一層親しみを深めていきます。その共同体験の繰り返しで子どもたちの間の信頼，尊敬の思いが深まり，健全な人間関係が育ちます。

　また，担任が真剣な思いを言葉で伝え，根気強く子どもたちに関わり，困難を共有することで頑張り続ける力やくじけない心，我慢する力が高められ，子どもたちの次に進む勇気が生まれてきます。

　力を合わせることで目標を達成した充実感は次の活動へのエネルギーになります。

　「みんなと協力したからこんなことができた！」という取り組みを沢山経験させてください。

　◇体育や音楽の授業を大切にする

　　体育や音楽の授業を通して協力の大切さを理解させる

　◇達成感のもてる行事を年間を通じて実施する

　　運動会・体育祭，校外学習，遠足，野外活動，修学旅行，児童会・生徒会役員選挙，児童会祭り・文化祭，合唱祭，異学年行事，クラスレクレーション等の取り組みを計画的に設定する

　※それぞれの行事についての目標を明確にして取り組みを進める。

　※事前指導，当面指導，事後指導を丁寧に行う。

　※取り組みの過程での子どもたちの思いの交流を大切にする。

第6章

学級・仲間を見つめる取り組み
（子どもと子どもの関係づくり）

　子どもたちが，信頼できる関係を築くためには友達との交流が不可欠です。できる限り多くの機会を与えることを心掛けましょう。

第1節　交流からの相互理解

1　発表タイム

　子どもたちが自分をアピールする時間

　◇日記や作文の発表　◇1分間スピーチ　◇本の紹介や朗読　等

　※給食時間や終わりの会等を利用して行う。

　　給食準備中に発表者は食事をすませ，みんなが食事をする時に発表する。

　※1分間スピーチでは，テーマを設定して行う。

　　→他の子どもは発表を聞いた感想を述べる

2　話し合い

　テーマについての考えを交流して，他の人の考えや思いを知る

　◉学級会　◉ディベート　等

　＜学級会＞

　　[第12章特別活動，第2節（A）学級活動［話し合い活動］参照]

　＜ディベート＞

　　相手に自分の考えを納得させる言葉のゲーム

　　→テーマについて筋道を立てて考え，発言することが必要

　①　議論するテーマを決める

　　・昼食は給食がいいか，お弁当がいいか

・学校の決まり（校則）は必要か，必要ないか　等

② 数人ずつ２チームに分かれる

　◇自分の本当の考えに関係なく，立場でチームに分かれる

　　議論しない者は司会者（２名）と判定者になる

③ ３回戦（４回戦）行う（それぞれの時間を設定する）

④ どちらが勝ったか判定する

※「正しかった」かで判定するのではなく，議論の進め方で判定する。

⑤ 議論を聞いて自分の考えをまとめる

			判定のチェックポイント
準備	・自分の立場での正当な理由をできるだけ多く考え，議論に使えるものを選び，その例を考える ・自分たちの考えに反論してきそうな点を考え，それに対する返答を考える ・相手の立場での理由を予想し，反論していける点を考え，反論の仕方と例を考える		
１回戦	お互いの考えを主張する	・Aチーム ・Bチーム	・話の筋は通っているか ・話が分かりやすく組み立てられているか ・態度は良いか
作戦タイム①	・自分たちの考えに反論してきそうな点の返答を考える ・相手の考えで反論できる点を考え，どう反論するか考える ・予想していなかった考えへの対応を考える		
２回戦	相手側に質問する	・BからAへ ・AからBへ	・相手の考えが理解できているか ・質問がハッキリしているか ・批判の筋道は通っているか ・質問に明確に返答できたか ・態度は良いか

作戦タイム②	・相手に反論されなかった点，反論されても返答できた点，そして相手に質問して相手が答えられなかった点を整理して3回戦の発言を考える		
3回戦	自分たちの考えの正しさを再度主張する	・A ・B	・相手の批判を上回る内容か ・態度は良いか
判定			

（話し方）

◉初めに自分たちの考え方や立場を述べる

◉その理由を分かりやすく整理して述べる

　※順番に例をあげて。

◉最後にもう一度自分たちの立場を述べる

・……だから，〜だと考えます。

・以上の点から〜だと考えます。

3　レクレーション

学級の班活動を活用し，それぞれの班が順番に運営を担当する

内容，方法，ルール等自分たちで話し合って決める

　※実施後は必ず反省会をもつ。

　※月に1〜2回，学級活動や昼休み，放課後の時間に行う。

4　友達の良いところ調べ

◇友達の頑張っている様子や称賛に値するところを紹介し合う

　1人ずつの名前を書いた画用紙を全員分用意し，全員に回して紹介したいことを書いてもらう

　　→それを基にみんなに紹介する

※定期的に（月に1〜2回）実施して，友達の頑張りを共有する。

※「こんな友達が好き，こんな友達が苦手」アンケートを実施して自分の姿を省みることも有効。

5　グループ活動

グループで紙芝居や工作作品を制作する

※紙芝居は他の学年との交流に活用する。

第2節　コミュニケーション能力の育成

1　ワークショップの活用

(1)　思いやり行動

●グループ絵画　●目隠し歩き　等

＜グループ絵画＞

・4～5人でグループを作り，それぞれが色の違うクレヨンを持ち，描く順番を決める

・無言で，1枚の画用紙に順番に思いついたものを描いていく
前の人の描いたものに描き足しても良いし，気に入らなければ上から描きなぐっても，消しても良い

・画用紙を回していき，もう描きたくなくなったらパスして次の人に回す

・みんなが描かなくなったら終了する

・全員で作品を見ながら，描いている時の思いを発表する
(例)「私の絵にきれいに続けて描いてくれて嬉しかった。」
　　　「○○君は，私の絵を塗りつぶしたので腹が立った。」

・みんなの思いを聞いた感想を書く

＜目隠し歩き＞

・2人で組になり，1人は先導役，もう1人はアイマスクかタオルで目隠しする

・目隠しした人は先導役の腕を持つ

・決められたコースを無言で，先導役がリードして歩く

・次に2人が役割を交替して同じように歩く

・終了後，歩いている時の思いを話し合う

　（例）「階段の前で立ち止まり，一歩一歩ゆっくり上ってくれたの
　　　　で，安心して歩けた。優しいなと思った。」

　　　　「角で急に曲がったので，壁にぶつかり，怖かった。」

・感想を書く

(2)　相手を理解する

　◉自己紹介ゲーム　◉他己紹介ゲーム　◉トラスト・フォール　等

＜自己紹介ゲーム＞

・自分のことをみんなに紹介する

　（名前，誕生日，得意なこと，苦手なこと，好きな遊び，頑張っ
　ていること，将来の夢，誰も知らないだろうと思うこと，友達や
　親からよく言われること，自分の良いところ，みんなに言いたい
　こと，先生に言いたいこと　等）

※クイズ形式にしてもよい。

・みんなからの質問を3つだけ受ける

＜他己紹介ゲーム＞

・カードに名前，誕生日，得意なこと，苦手なこと，好きな遊び，
　頑張っていること，将来の夢等を書く

・2人1組になり，お互いのカードを基に相手のことをみんなに紹
　介する

＜トラスト・フォール＞

・2人1組になり，1人がアイマスクやタオルで目隠しする
　もう1人がその後ろに少し離れて立ち，両手を突き出して支える
　準備をする

・目隠しした人が直立したまま後ろに倒れる
　支える人はしっかり受け止める

・役割を交替して同じことを行う

・思ったこと，気がついたこと等を話し合う

(3) **人との接し方**

　　◉カウンセリングゲーム　◉相手に合わせる

　　◉言葉のワークショップ　◉こんな時，どうする　等

＜カウンセリングゲーム＞

2人1組で，1人が相談する役，もう1人が聞き役になる

　・相談する役の人は，自分の思いを分かってもらえるように話をする（相談の内容は困っていること，悩み　等）

　　聞き役は，不適切な態度で対応する（約5〜10分）

　・役割を交替して，同じことを行う

　・初めの役に戻り，同じように相談する

　　聞き役は，今度はできるだけ親切な態度で対応する

　・役割を交替して，同じことを行う

　・両方のパターンについてその時の気持ちや感想を話し合う

＜相手に合わせる＞

　・色々な場面を想定して，ロールプレイをする

　　（例）機嫌の悪い友達をなだめる，友達の喧嘩の仲裁をする，落ち込んでいる友達を励ます，間違いを傷つけないように指摘する，申し出を上手に断る，失敗を謝る，大事な約束を破った友達を許す　等

　・それぞれの対応について意見を交流する

＜言葉のワークショップ＞

　・色々な場面での適切な言葉がけを考える

　　（例）言われて嬉しい言葉，嫌な言葉，〇〇な気持ちの時にどんな声掛けが嬉しいか　等

＜こんな時，どうする＞

　・色々な場面での適切な行動を考える

（例）廊下にゴミが落ちていたら，掲示物がはがれていたら，水道の水が出たままだったら，隣の友達が消しゴムを落としたら，一人ぼっちの友達がいたら，危ないことをしている子がいたら，叱られている友達がいたら，友達が素晴らしいことをしたら，重い荷物を持った人がいたら，部屋に入ろうとしてドアを開けたら向こう側に出ようとする人がいたら，横断歩道で車が止まってくれたら，バスを降りる時は　等

2　ボランティア活動

ボランティアとは社会の問題や困っている人たちのために行動して，課題を解決していこうとするものです。する側にもされる側にも喜びがあり，その体験は自分の心を豊かにしてくれます。

小さなことでも自分にできることをやろうと思った時に，勇気をもって行動することで温かい人と人とのつながりが生まれます。

（ボランティアの例）

お年寄りやけがをしている人に席を譲る，目の不自由な人に手を貸す，お年寄りの施設を訪問する　等

※日常生活の中でのボランティア。

挨拶や会釈，エレベーターのボタン押し，友達への激励　等

周りの人を気持ちよくさせる一種のボランティアかも

（ボランティアのポイント）

◉自分にできることを　◉相手の気持ちになって

◉押し付けでなく　　　◉見返りを求めない

3　集団活動

人との接し方，対応の仕方，関係の築き方等，ソーシャル・スキルを身に付けることはとても重要です。また，様々な課題を解決する場合にも不可欠なスキルだと言えます。色々なケースを経験する機会を与えましょう。

◇３人グループでの活動

　※人が３人集まれば，「社会」が成立する。

◇班活動（校外学習等で）

◇係活動，当番活動

◇異年齢集団活動

　※リーダーの育成。

　→やろうと思う子に任せ，みんなが協力する

　（それぞれの子どもが活躍できる場を設定する）

第3節　特別活動の充実

　特別活動とは，実際の社会で生きて働く社会性を身に付け，人間形成を図る教育です。

　「より良い人間関係を築く力」「社会に参画する態度」「自治的能力」等の育成を目指す学校教育の中でも特に重要な教育だと言えます。学校生活のうち，教科，総合的な学習，外国語活動等を除いた部分がこの特別活動に含まれます。

　道徳の時間に育成した道徳的実践力を，この特別活動の中で実際に言動に表わし，特別活動で経験した道徳的行為や実践について，道徳の時間に補充，深化，統合し，道徳的価値として自覚するという道徳との関連が強い教育です。

　特別活動では，教師と子ども，子どもと子どもの人間的な信頼関係が基盤となります。

　計画的に活動に取り組むことが大切です。［第12章参照］

第7章

保護者との連携

　健やかな子どもの育成には保護者との連携が欠かせません。子どものことを一番良く知っている保護者と，子どもの客観的な姿を理解している教師が協力し合って子どもの成長を支えていきたいものです。

[**保護者が学校に求めるもの**]

　　☆社会のルールを身に付けさせて欲しい

　　☆善悪の判断ができるようにして欲しい

　　☆個性を尊重してほしい

　　☆人権を尊重してほしい　　等

第1節　保護者との良好な関係を築く

そのためには，保護者からの信頼を得ることが必要です。

　　①　保護者の思い，願いを把握する

　　　　自分が「保護者」だったら，どうして欲しいか？　を考える

　　②　保護者と親しくなる→連携を深める工夫を

　　③　安心される学習指導に努める

　　④　けじめある生活指導に努める

　　※一つひとつの指導や方法を細かく見ている保護者も多いことを自

　　　覚して……（学級のルール，当番の方法，宿題の出し方，テスト

　　　の内容　等）。

第2節　連携を深める工夫

何よりも教師から積極的に働きかけることが大切です。

1　日々の対応

◎保護者の気持ちの理解に努める

（教師意識を捨てて，誠意をもって，気持ちを十分に聞く）

◎課題を話し合う場合でも，子どもの肯定的な話から始める

そのためにも日頃から子どもの良いところや頑張っているところ

をきちんと把握しておくことが大切です。

◎協力し合う姿勢で（非難するのではなく）

◎否定的な言葉は禁物

◎何事にも具体策，対応策を提示する

◎子どもに関して，良いことがあれば，必ず報告をする

（電話，連絡帳で）

◎問題が生じたら，家庭訪問をする（電話ですませない）

◎機会あるごとに，感謝の気持ちを伝える

※服装，言葉遣い，聞く姿勢に気を付ける。

2　連絡帳

◎保護者からの連絡には，早急に返事を

（保護者は対応を期待しています）

※子どもの目に触れない方がよい場合には，封書で。

3　学級通信

◎タイトルに工夫を

◎読みやすい文章，文字で（誤字，脱字に注意）

◎保護者向けか，子ども向けかを明確に

◎計画的に発行を

◎内容の工夫

・担任の教育方針（思い，願い）　・予定（学習，生活，行事）

・学級の様子　・体験（学習，生活，行事）　・子どもの作品

・健康と安全（事故防止，健康管理　等）　・保護者の声

・知識コーナー　・協力依頼　等

（注意事項）
- 学校長の承認を得る（「学校の発行物」の意識を）
- 作品の掲載は，本人の了解を得る

　※一部の子だけでなく，公平に。
- 人権に配慮する
- お願いや注意事項が多過ぎないこと
- 他学級への配慮

　この他，長期休業中の家庭訪問，子どもへの年賀状や暑中見舞い等も有効です。

第3節　相互理解に時間がかかる保護者に対して

　信頼を得ると，心強い支援者になっていただけるのがこのような方々です。
- ●話しにくい保護者ほど積極的に働きかける
- ●言動を冷静に受け止め，言い分を丁寧に聞く
- ●担任としてなすべきことを着実に行う
- ●自分にできることを実行して，成果を見せていく
- ●子どもの長所，頑張りや変化を的確に捉え，保護者に具体的に話す
　　等

このように，信頼される指導を積み重ねることが大切です。

第4節　保護者への要望

　保護者の要望に誠意をもって応えると共に，教師の思いを理解していただくことも必要です。保護者との間に信頼関係が築けたら，お互いの思いを伝え合うことは子どものためにも，決してマイナスにはならないと信じます。
- ●教師に問題を感じても，子どもの前で悪口を言うのは控えて欲しい

→誰の指導を信じたら良いのか，子どもが混乱する

◉教師に問題を感じても，いきなり学校長や教育委員会に訴えるのは
　控えて欲しい

→不信感が生まれるだけで，問題の解決にはならない

◉担任に会いたい時は，事前に連絡を入れて欲しい

→予定が詰まっているので，その調整が必要である

◉いつも全ての要求に応えることは難しい

→学級には他に何人もの子どもがいて，毎日その一人ひとりの状況
　に対応しなければならないことを理解して欲しい　等

第5節　行事の工夫

1　授業参観

(1)　授業内容の決定

☆年間を見通して教科を決める

　◉同じ教科に偏らないように

　◉特別教室の配当を考慮する

　◉実施時期を考慮する（真冬に体育は？）

☆子どもたちみんなが参加できる内容に

☆実施日までの授業の進度を考える

(2)　当日まで

☆教材研究を丁寧に行う

☆教具等の準備

☆保護者の出欠表の準備

☆挨拶文の準備（教室出入り口付近に掲示）

☆教室内の清掃

☆掲示物の貼り替え

　◉古くはないか（一カ月以上前のものは？）

●全員分そろっているか

（他所に掲示されている場合はその説明書きを貼付）

●掲示の仕方を工夫しているか

（誰の作品もきれいに見えるように）

☆子どもの机の中，ロッカー等の整頓

☆廊下の整頓（ぞうきんや体操服が散乱していないか）

※これらは，参観日だけでなく，日頃から心掛けるように！

(3) **当日**

☆教室内の整頓の点検

☆保護者入口から教室までの清掃

（前日までにすませれば当日に余裕が出ます）

☆教材・教具の点検

☆特別教室使用の場合などは，教室入り口などにその旨，掲示をしておく

☆挨拶文の掲示

☆保護者の出欠表の設置

※毎回新しいものを。

→年間通しての出欠表は，色々な事情で参加が少ない保護者が目立ってしまう

☆服装を整える

☆子どもの状態の把握

2　学級懇談会

☆事前に懇談の話題と内容を検討しておく

☆保護者の名札，出欠表を準備

（教師から）

① 自己紹介…要領よく，手短に，セールスポイントを

② 目指す子ども像…こんな子どもに育って欲しい

③　学年・学級の経営方針を明確に伝える

◇生活指導面

◇学習指導面

　　☆各教科では何が重要なのか

　　☆各教科の指導の方法，パターンの説明

　　☆教材（ドリル等）の使い方，テストと採点の方法，通知表の見
　　　方　等

④　現在の子どもの生活面の様子と取り組み（力を入れていること
　　等）

⑤　現在の子どもの学習面の様子と取り組み（力を入れていること
　　等）

⑥　現在指導している単元の要点，指導方法や方針の説明

⑦　保護者からの質問に答える

⑧　年間の行事予定

⑨　一人ひとりについて家での様子を問う

　　→その後，学校での様子（良いところ，成長したところ）を話す

⑩　保護者との交流（保護者が興味を抱く内容で）

　　◎色々なテーマでの意見交換（小遣いの額，与え方　等）

　　◎講話（この年齢の子どもの特徴と接し方　等）

⑪　今後の予定

⑫　家庭への協力依頼

⑬　諸連絡，注意等

（留意事項）

　　☆身だしなみに十分注意を

　　☆「ゆっくり」「ハキハキ」「簡潔に」話す

　　☆全体を見て，目を合わせて話す

　　☆保護者の発言は，相づちを打ちながら，しっかり聞く

☆保護者の思いに共感を

☆自分で答えられない質問については，「後日お返事させていただきます」と答える

（保護者に問う）

⑭　家庭での指導方針は

⑮　子どもに何を求めるか

⑯　学校への要望

※４月はＰＴＡ委員の選出。

　☆最後には，お礼と今後の協力の要請を

※個人的に話したいことがある人は，残っていただく。

　個人懇談では，④⑤⑦⑨⑫⑯を中心に（良い点を中心に）

3　家庭訪問

　学級担任として，充実した教育活動を進めるためには，自分の教育方針を保護者に十分理解してもらうことが必要です。そして，相互の信頼関係を築くことが大切です。

　家庭訪問も，学校と家庭とが相互理解を深める重要な場であると考えます。また，子どもを理解し，学校での指導の資料収集のために有意義な機会としてください。

⑴　訪問予告の通知

　保護者の希望も考慮に入れ，１週間前までには決定した日時を知らせる

※特別な事情以外は決められた期間内で。訪問しない家庭をつくらないこと（子どもに寂しい思いをさせない）。

⑵　事前の準備

①　前担任等からの引き継ぎと，今の子どもの状況から，子どもの性格，特徴（特に長所），生活面，学習面での様子等をできる限り認識しておく

※訪問日までに，できるだけ多くの情報を集めることを心掛ける
（日々，気づいたことをこまめにメモする）。
② 生活環境資料から，家庭環境，家族構成等を把握しておく
③ 学校での生活面，学習面での長所，改善すべき点をチェックし，
改善すべき点では，その具体的方策を考えておく
④ 一人ひとりの家庭訪問カードを用意し，事前に調べた内容等を
記入しておき，実施後，訪問で得た情報を記入できるようにして
おくと，その後の指導に有効

(3) 当日

① 居住地を知る
どこに住んでいるのか，周りはどんな環境か……
通学路で危険な所はないか，近所の友達は誰か……
② 学校での様子を知らせる
自己紹介，学級経営の方針，子どもの特徴や学校生活での様子
等
③ 家庭での子どもの様子を聞く
家族の一員として，家庭の教育方針，家庭での過ごし方
（遊び，勉強，ゲーム，手伝い，近所の友達関係　等）
※会話の中から，家庭の雰囲気を察知する。
④ 学校，担任への要望を尋ねる
学級懇談会等では話しにくいこと　等

＜気を付けましょう＞

① 予告した日時は，必ず守る
予告時間に相当遅れそうになった場合は，相手先に必ず連絡を入
れる
※携帯電話を持っている先生は，必ず持って訪問をする。
（事前に教頭先生に，訪問予定表と携帯番号を届けておく）

②　訪問の時間は，どの家庭も長短なく

　※夕食時は避ける。

③　訪問マナーに気をつける

　清潔な服装，挨拶，言葉遣い……

④　他の子，他の家庭と比較しない

⑤　人権に気を付けて話をする

　※他の子どもの個人情報は厳禁。

⑥　保護者の思いを十分に聴く（一方通行な話し方をしない）

　☆指導者意識は捨てて　☆誠意をもって　☆悩みに共感する

⑦　子ども中心の話し合いをする

⑧　子どもの欠点や弱点を責めない

　（「指導に手が掛かる」等の印象を与えないように）

　学校，学級で実施している対策を示し，家庭での方策を例示し，

　指導を依頼して協力を得る

⑨　校内のことについて放言しない（同僚の悪口等，厳に慎むこと）

⑩　謙虚な態度で，子どもと共に学ぶ姿勢を示す

⑪　保護者の面前でメモを取らない（メモは玄関を出てから）

⑫　生活環境資料等の「個人情報」の持ち出しは厳禁！

第8章

学年に応じた具体的方策

1　小学校低学年

「生活のルール」と「学習規律」の定着に重点的に取り組みます。

　1日も早く学校や学級の生活に馴染めるように丁寧な指導を心掛けましょう。

(1)　1学期

　◇一人ひとりに応じた丁寧な指導を心掛ける

　◇活動は教師が先頭に立って子どもたちをリードして進める

　　※登校を渋っている子に留意し，保護者と連携を密にして対応する。

［生活面］

　●2人組を基にして活動に取り組む

　　慣れてきたら4人組，5人組も取り入れる

　　※3人組は，1人と2人に分かれてしまうことが多いので，暫くは避けた方が良い。

　●一人ひとりに役割を与え，全員の力を合わせることで学級が成り立っているという意識をもたせる

　●良い行動は全体に紹介して全員で賞賛する

［ルールの定着］

　●ルールの必要性を説明し，丁寧に指導する

　●ソーシャルスキル・トレーニングを活用し，好ましい行動を考えさせる

［係活動］

　●活動方法を教師が具体的に示し，理解させる

　◉各グループの工夫を全体に紹介して全員で賞賛する

　◉定着するまで，毎朝，自分の係や当番を確認させる

［学習面］

　◉授業に集中する態度や力を育てる

　　→力が身に付くと

　　　・教師の全体指導が可能になる

　　　・他の子どもの発言を，教師の発問や説明と関係づけて考えられるようになる

　◉書き言葉の指導

　　→言葉による思考ができるようになる

　◉個に応じた指導

　◉家庭学習の協力を保護者に依頼

⑵　**2学期**

　◇活動は，徐々に方法を説明して子どもたちに任せ，教師はサポートに当たる方法を取り入れていく

　　◉学期当初は学校生活のルールや，班，係，当番等の方法を再確認させる

　　◉活動は，2人組み4人組みを中心に，3人組みや多人数での活動にも取り組ませる

　　◉話し合い活動の指導［第12章特別活動，第2節（A）学級活動，参照］

　　　教師が司会をして進める

　　　→2年生頃から司会を子どもたちに任せ，教師はサポートに当たる

　　◉行事の取り組み［第12章特別活動，第2節（D）学校行事，参照］

　　　・目標を明確にして取り組む

・事前指導，当面指導，事後指導を丁寧に行う

●種々の活動で頑張っているところを全体に紹介し，自治的能力育成につなげる

※始業式から1週間の間の欠席児童には家庭訪問をし，登校を渋っている場合には原因の解消に努める。

(3) **3学期**

●班，係，当番等の活動や行事への取り組みの充実で，自治的能力の育成に努める

教師はサポート役に

●少人数，学級全体，学年全体と種々の形態での活動に取り組ませる

(学年末)

●進級清掃の取り組み

普段していない場所を感謝の気持ちで清掃する

●友達へのお礼

この学級で良かったこと，みんなへのお礼，次の学年でも大切にしたいこと等を伝える

●子どもとの個人懇談

頑張ったところ，成長したところ等を次学年への期待を込めて伝える

→これら学年末の取り組みは全ての学年で実施するのが望ましい

2　小学校中学年

◇活動形態を教師が子どもたちと一緒に活動しながら指導する「参加リーダー型」を活用する

◇活動の内容に応じて2人，4〜5人，学級全体と適切な活動形態で実施する

他学年との交流活動にも取り組ませる

◉話し合い活動の充実を図る

◉自主的活動を充実させる

　方法やルールを自分たちで決めて活動する機会を与える

　※事後指導を丁寧に行う。

　　→反省点を次の機会に生かす　等

◉リーダーの育成

　多くの子にリーダーを経験する機会を与える

◉ソーシャルスキル・トレーニングの活用

　・対人関係スキルの指導

　・友達とのトラブルの解決方法の指導

3　小学校高学年，中学生

◇一人ひとりの特性を理解して指導に当たる

◇活動は，子どもたちに任せる「委任型」を取り入れていく

　◉自主的活動を促す方法を工夫する

　　(例)・教師に委任された子どもの指示で行動する

　　(初めのうちは2人リーダーで)

　　・教師からの連絡は黒板で行う　等

　◉種々の活動を通して，「自己の特徴」に気づかせる

　◉ソーシャルスキル・トレーニングに取り組ませる

　　(例) うまく謝る，気持ちをうまく伝える，傷つけずに注意する

　　　等

　◉心を育てる取り組みの充実を図る

　　(例) 読み聞かせ，色々な人の講話　等

第9章

生活面の基本事項の指導

　健康で規律ある生活を送るため，基礎となる必要な行動を身に付けることはとても大切です。これらは繰り返すことで身に付きます。

　習得すると少ない努力で活動でき，時間とエネルギーの節約にもつながります。

　＜指導の工夫＞

　　◇行動の必要性を理解させる

　　◇身に付くまで繰り返し指導する

　　◇できたら，必ず褒める

　　　→成功体験を積むことで，自己効力感（やればできるという自信）
　　　　が育つ

いくつかの項目と，その指導例を挙げてみます。

1　整理・整頓，後片付け

［大切な理由］

　　◇次のためにすること

　　　◎使う時，準備に時間がかからない

　　　◎効率よく作業，仕事ができる

　　◇他の人のためにすること

　　　◎探さなくて済む

　　◇大人への自立の準備

　　　◎自分のことは自分でする

［指導］

　　○「決めたこと」を守ることから指導する

（家庭へ協力を依頼する）

① 　初めは子どもと一緒に大人が整理の仕方を教える

　　●引き出しや箱に，入れる物の名前を貼っておく

　　●ランドセルや帽子，名札，ハンカチ，ティッシュペーパー等は，置く場所を決めておく

② 　「上の引き出し」等，場所を決めて整頓の練習をさせる

③ 　使用した物は，元に戻す習慣を付ける

④ 　片付け方法を指導する

⑤ 　「片付けなさい」ではなく，何をどうするか具体的方法を教える（「脱いだ靴は揃える」 等）

　　☆できたことは必ず褒める

　　　※整頓が苦手な子

　　　→●待てずに，代わりにやってしまう

　　　　●定着するまで，継続した指導ができていない

　　　　●具体的な片付け方法を教えたことがない

　　　　等，親の指導に課題がある場合が多い

2　忘れ物をしない

［大切な理由］

　◇忘れることは，約束を破ること

　◇自分が困る

　　◎作業や活動ができないので，次に進めない

　◇他の人に迷惑がかかる

［指導］

　○忘れ物をしないための方法を身に付けさせる

　　① 　メモをきちんと取る（連絡帳をきちんと書く）

　　② 　自分で準備できない物は，帰宅後，すぐに家族に頼む

※教師は，準備に時間が必要な物は前もって連絡しておく。

③　寝るまでに，メモに○を付けながら準備する

④　いつも持っていく物は，一覧表にして机に貼っておき，それ
　を見て準備する

⑤　朝，もう一度確かめる

3　時間を守る

［大切な理由］

◇社会（集団生活）は，「時間を守ること」で成り立っている

→時間を守ることは，集団生活の大切なルールの１つ

［指導］

○「時間が守られなかったら」の例を挙げ，時間を守ることの大切
　さを確認させる

●バスが時間どおりに来なかったら……

●テレビが時間どおりに番組を放送しなかったら……

●学校でみんなが時間を守らなかったら……

●お母さんと約束した時間に家に帰らなかったら……　等

4　物を大切にする

［大切な理由］

◇物を壊すと他の人に迷惑をかける

◇物を壊すことは，命や人権を軽んずることにつながる
　（ルールが守られない状況が生まれ，生命さえも危険な状態を招
　くことになる）

◇ゴミを増やすことは環境問題に，食べ物を粗末にすることは食料
　問題につながる

［指導］

○「物を壊すこと」は許されない行為として，厳しく対応する

① なぜいけないことなのかを理解させる

② 謝罪させる，修理させる，弁償させる

③ 今後の望ましい行動を考えさせる

5　挨拶・返事をする

［大切な理由］

◇挨拶や返事は，人と仲良くなるための言葉

→生活の中で最も大切な行為

［指導］

○挨拶の気持ち良さ，大切さを感じさせる指導を日常的に行う

○挨拶の授業を行う

① 挨拶の言葉を考える

お早う，今日は，行ってきます，気を付けて行ってらっしゃい，さようなら，有難う，今晩は，いらっしゃい，お休みなさい，ごめんなさい，すみません，いただきます，ごちそうさま，おじゃまします，ただいま，御苦労さま，失礼します，お大事に……

※会釈，返事も取り上げる。

●返事とは「相手の問いかけに答える挨拶の１つ」で，とても大切なもの

② それぞれの挨拶の気持ちを考える

◇お客様に挨拶→客は初めての所では不安になるはずだから，それを解消してあげる

◇お礼の言葉→自分のために時間を使い，活動してくれたことへの感謝の気持ちを表す

（感謝されれば「またしよう」と思える）

③　それぞれの挨拶をされた時の気持ちを考える

④　それぞれの挨拶にどのように応えたらよいか考える

⑤　今日，朝から誰とどんな挨拶を交わしたか考える

⑥　色々な場面でのふさわしい挨拶を考える

⑦　それぞれの挨拶の練習をする

⑧　誰にでも礼儀正しく対応できる人になれるよう努力しよう

　　○根気よく指導を続ける

　　○児童会・生徒会を中心に，挨拶運動に取り組む

　　○教職員が率先垂範を心掛ける

6　規則正しい生活

［大切な理由］

　　◇1日の生活にリズムを与える

　　◇健康の維持に大変重要である

　　　◎早寝，早起きを　◎十分な睡眠を　◎必ず朝食を

　　　◎必ずトイレに　　◎歯磨き，洗顔を

　　　◎持ち物の確認を　◎集合時刻に遅れない　等

［指導］

　　○チェックカードで定期的にチェックする

　　　※保護者との連携が重要。

7　健康・安全に気を付ける

［大切な理由］

　　◇命を大切にするために欠かせない

　　◇自分の安全は自分で守れるようになること

［指導］自分の健康・命を守る能力を育てる

　　○手洗いうがい等，日常の健康管理の方法を指導する

○災害につながる行動を考えさせる

「こんなことをしたら，どうなるかな？」

○基本的なルールを指導する

　◎不審者には→・知らない人には近づかない

　　　　　　　　　（2m以上，間をあける）

　　　　　　　・知らない人にはついて行かない

　　　　　　　・人通りの少ない所へは行かない　等

　◎外出時には→・危険な所に行かない

　　　　　　　・交通ルールを守る

　　　　　　　・「誰と，どこへ，いつまで，何をしに」を家人

　　　　　　　　に告げる　等

　◎学校でのルールを考える→・廊下を走らない

　　　　　　　　　　　　　　・廊下は右側を歩く　等

○いざという時の対応を身に付けさせる

「火事が発生したら」「地震が起きたら」「台風が接近したら」

○応急処置の方法について学ばせる

○避難訓練を実施→おさない・はしらない・しゃべらない・もどら
ない

8　役割・責任を果たす

［大切な理由］

　◇社会（集団生活）は協力や助け合いで成り立っている

　◇人の役に立つことは大人への準備として大切なこと

［指導］

　○役割・責任を果たすことの大切さを自覚させる

　　①　自分の「役割」「責任」を考える

　　　・学校で→給食当番，掃除当番，日直，委員会活動……

　　　　・家で→食事の準備や後片付け，洗濯物の整理，お風呂の掃除……

② 　役割や責任を果たさなかったらどうなるかを考える

　　給食当番が仕事をしなかったら，

　　掃除当番が掃除をしなかったら……

③ 　「今日は役に立つことがどれだけできたか」，「良いことがどれ

　　だけできたか」，「いけないことはしなかったか」等を顧みる機会

　　を設ける

④ 　役割を果たさなかった場合には，きちんと指導し，反省させる

　　○気持ちよく生活するためには，役割や責任以上に人のためにな

　　　る行為が大切なことを考えさせる（気が付いたらゴミを拾う　等）

　　○できたことは，必ず褒める

9　友達と仲良くする

［大切な理由］

　◇安心して生活するには，仲良くすることが必要

　◇色々なトラブルを解決する力を身に付ける

［指導］

　○色々な機会を通じて，それぞれの人権を大切にする意識を育てる

　　☆みんなの人権を守るためには

　　→◎人の気持ちを考える

　　　◎お互いに少しずつ譲り合う

　○コミュニケーション能力を養う機会を設ける

　○ソーシャルスキルを養う機会を設ける

　○仲間作りの充実

　※集団に入れない子の指導

　　◎違う集団になら入れる→集団を変える

　　◎どの集団にも入れない→親や教師が相手になって体験を増や

　　し，自信を持たせて集団に帰してやる

※女子のグループ化

　◎仲良しグループの存在は否定しない

　（グループに属すことで安心感が）

　◎自己成長のためのグループでないと価値がないことを教える

　　●グループに入りたい人を排除しないで受け入れることを指導する

　　●学級の取り組みには積極的に協力することを指導する

10　協力・助け合い

［大切な理由］

　◇社会（集団生活）は協力や助け合いで成り立っている

　◇1人ではできないことも，力を合わせればできる

［指導］

　○自主的に，協力しようとする姿勢を育てる

　　①　助けてもらったり，協力してもらった経験を挙げる

　　②　その時の気持ちを思い出す

　　③　誰かを助けてあげたり，協力してあげた経験を挙げる

　　④　その時の相手の気持ちを考える

　　⑤　自分にできる協力，手助けを考える

　　　・学校で…　　・家庭で…

　　⑥　自分で決めた「協力」「手助け」を実行する

　○子どもたちの望ましい行動は，小さなことでも必ず褒める

　○協力しての成功体験を積み重ねる

　　運動会・体育祭，音楽会，校外学習……

　　※「自分の仕事が終わっても，他の人が終了していなかったら手助けするのが当然」の意識を育てる。

11　約束・きまりを守る

　［大切な理由］

　　◇みんなが約束やきまりを守るので，安心して生活できる

　　◇社会（集団生活）は「約束・きまりを守る」ことで成り立っている

　［指導］

　　○「約束・きまりが守られなかったら」の例を挙げ，約束やきまり

　　　を守ることの大切さを自覚させる

　　　・みんなが交通ルールを守らなかったら……

　　　・友達が待ち合わせの時間を守らなかったら……　等

　　○年度当初は特に，「小さなルール破り」を許さないこと

　　※宿題忘れへの対応

　　　「宿題」は,

　　　①　学力を身に付ける

　　　②　家庭学習の習慣を身に付ける

　　　③　「約束を守る」ことを覚えるために大切なもので，「子どもの

　　　　仕事の一部で，大人への準備としてとても大切なもの」である

　　　　ことを理解させる

　　　⇒忘れた理由によっては，放課後の居残りとする

12　迷惑な行動を慎む

　［大切な理由］

　　◇迷惑な行動は，相手に嫌な思いをさせる

　　◇迷惑な行動は，争いの原因になる

　［指導］

　　○集団生活をする上で，他の人に嫌な思いをさせないように気を付

　　　けることを自覚させる

①　学校で，迷惑な思いをした経験を挙げる

②　町で，迷惑な思いをした経験を挙げる

③　それらの中で，自分もしたことがあるものはないか，考える

④　そのことが，迷惑をかけていると気付かなかったのはなぜか考える

　★「自分さえよければ」の意識の変革を

　　◎みんなが，「その行為」をしたら，どうなるか

　　◎自分はその行為が許される『特別な人間』なのか

　　◎周りにどんな影響を与えるか考えたか

⑤　今後，どのように行動したら良いか考える

13　話を聞く

［大切な理由］

　◇聞くことで，内容が理解できる

　◇新しい知識が得られる

　◇相手の気持ちが分かる

　◇自分の考えと比べることができる

［指導］聞く態度を身に付けさせる

　○「聞くことは大切である」ことを，理解させる

　○聞き方を指導する

　　◎体の向き（話す人に向ける），目（話す人を見る），耳（しっかり聞く），口（閉じて静かにする），頭（考える），首（頷く，傾げる），手（机の上に置いて指を組む）

　　◎静かに最後まで聞く

　　◎文句を言わない

　○聞かない時は

　　◎全員が注目するまで，話を中断して待つ

●「聞いていないから，お話はストップだよ」と厳しく対処する

　○教師が日常的に手本を示す

　　●普段から子どもの話をきちんと聞く

14　集中力・根気

　［大切な理由］

　　◇学習だけでなく，何ごとも，根気がないと目標を達成できない

　［指導］

　　○時間を決めて取り組ませる

　　　「○○分間頑張ろう」→徐々に時間を伸ばしていく

　　○課題を決めて取り組ませる

　　　「○○ができるまで頑張ろう」

　　○根気が必要な作業に取り組ませる

　　　※図画工作や家庭科での作品作り等，興味をもって取り組み，達
　　　　成感が得られる作業に取り組ませる。

15　自主性

　［大切な理由］

　　◇自立（自分のことが自分でできるようになる）に欠かせない

　［指導］

　　○目標をもたせ，達成感を味わわせる

　　　※手の届く目標で，達成できたら必ず褒める。

　　○役割や仕事を与える

　　　※できたら必ず褒める。

　これらの指導は家庭との協力が不可欠です。丁寧に説明し，協力をお
願いしましょう。

第10章
学習指導

　子どもたちに「何のために勉強するのですか？」と問われたら，どう答えますか。

　学習動機として，「なりたい職業があるので，それに就くために」「これからの生活に困らないように」「知識や技能を伸ばすため」「収入を得るために」「みんなに負けないように」等が考えられます。

　その中で最も学習意欲の育成につながるのは「学ぶことが楽しいから」「分かることが嬉しいから」という動機だと言われています。

　「子どもたちが求める先生」という質問で，いつも上位に挙げられる答えが「分かるように教えてくれる先生」です。

　また，保護者が信頼する先生の重要な要素が「けじめある生活指導」とともに「安心できる学習指導」です。

　子どもたちや保護者から信頼される教師となるために，学習指導の力をしっかり身に付けることが欠かせません。

1　学習指導のポイント

　学習指導のポイントとなるのは，次の３点です。

　　①　ルールが確立され，お互いが認め合える学級集団づくり

　　　◇答えが間違っても非難されない

　　　◇友達の頑張りを認めることができる

　　②　丁寧な教材研究

　　③　子どもの立場に立った授業の展開

2　教材研究

(1)　授業の準備

　指導の明確な目標を設定するとともに，指導に当たっての子どもの実

態を把握することが必要です。

① 目標の設定

◇その学習に必要な指導目標を洗い出す

◇その中から必要なものを精選する

「その単元，授業で何を学ばせ，何を身に付けさせるのか」を明確にする

② 子どもの実態の把握

◇その授業に必要な先行経験は揃っているか（診断的評価等を活用する）

◇子どもの状態はどうであるか

(2) **指導案の作成**

① 教科書を熟読し，指導書等も参考にして指導のポイントを洗い出す

◇その授業で何を身に付けさせるのか

② ①に関連した前学年までの基本的事項，子どもが興味をもちそうな事項，発展的指導事項を追加する

③ ①，②を指導する順番に組み立てる

④ 学級経営との関わりを考慮する（どの子も活躍できる授業にする　等）

⑤ それぞれの指導場面での学習形態（一斉指導，少人数指導，習熟度別指導，グループ指導，個別指導等）を考える

⑥ ③の最後にまとめ（①の事項）を追加する

⑦ ③のそれぞれの事項・部分について，指導時をシュミレーションし，各時間の指導細案を作成する

※１時間ごとの目標を明確に。

3 授業の展開

教科や内容に応じて，それぞれの授業の流れを確立することが大切で

す。そのための重要な要素を挙げてみます。

◇単元のねらい，各時間のねらいを明確にする

◇「1人で考える場」「グループで交流する場」「考えを発表する場」
　の三要素を組み入れる

◇低学年では，各活動を短時間にし，見る，聞く，話す，考える等，
　活動に変化を与える（集中力を考慮し，10〜15分の活動ユニッ
　トを3〜4個組み合わせる）

次の点にも十分配慮しましょう。

◇作業の場合は，全員が完了するだけの時間を確保する（課題が終
　わった子には，前もって別の課題を準備しておく）

◇使用する用具は，教師が予備を準備しておく

4　授業の要素

(1)　ねらい（目標）の明確化

◇子どもに分かりやすい目標を提示する

◆何ができれば目標を達成したことになるのか，分かりやすく確
　認させる

◆子どもが相互評価できる目安を明確にする

(2)　導入

◉子どもの興味・関心・意欲を高める導入を工夫する

（例）身近な例題，興味を引く教材，聞きたくなる話し方……

→導入で，授業の成否が決まることも

(3)　説明

モデルを示す等，分かりやすく，簡潔で短い説明を心掛ける。

◇物を配布する場合は，事前に使い方等を説明してから配布する
　（危険なものを配布する場合には，危険性を具体的に説明する）

◇個人差が出そうな作業では，いつでも説明できるように，ポイン
　トを板書しておく

◇説明後には，必ず質問の時間を取る

(4) **発問**

◇発言しやすい雰囲気をつくる

◇発問が多くなり過ぎないように発問を精選する

◇短く，ねらいが明確な発問を心掛ける

◇補助発問を活用して，考えを深めていく

「～とはどういう意味かな？」「なぜ～と考えたのかな？」

◇求める返答が出ない場合は，必要以上に引きずらず，教師が解説する

◇前時の振り返りは，子どもの発表を整理して行う

(5) **発言の取り上げ方**

◇発問の後，全体を見渡してから指名する

◇特定の子どもに指名が偏らないように注意し，できる限り全員に発表の体験をさせる

◇発言内容を分かりやすく解説し，補足，明確化し，全体に返す

◇机間指導で，個々の考えを把握し，適切な意見をもっている子どもを指名し，全体に返す

◇ふざけた発言や否定的な反応は取り合わない

◇発言には必ず，肯定的な評価の言葉を添える

(6) **机間指導**

◇一人ひとりの理解度を確かめる

（子どもの理解度は教師の指導力のバロメーターになる）

◇課題解決や思考を深めるヒントを与える

◇必ず評価や励ましの言葉を与える

(7) **板書**

◇授業の過程が分かり，振り返りができる板書を心掛ける

→ノート指導と関連させる

◆学年に応じた文字の大きさで

　※文字は丁寧に書き，筆順間違いの無いように。

◆文字の大小，色分け，〔　　〕の使用等，内容による書き分けの工夫をする

◆「考えるための内容」と「まとめの内容」を書き分ける

◆図示，短冊，視聴覚機器等を効果的に活用する

(8)　その他

　①　話し方

　　◇明確な言葉で，歯切れよく，短文で，分かりやすく話す

　②　指示

　　◇簡潔で，子どもに分かりやすい指示を心掛ける

　　（ポイントを紙に書いて示す，大切なルールはみんなで声に出して確認する　等）

　　◇危険が予想される事項は，禁止事項を確認させる

　　◇望ましい行動と良くない行動の例を，説明を加えて明確に示す

　　◇見学等の場合は，活動前に指導や指示を行う

　　※日頃から教師の指示に従って行動することを定着させる。

　③　学習集団の活用

　　◇２人グループの活動から始める

　　活動が定着したら，徐々にグループを大きくしていく

　　（５〜６人が最適）

　　◇慣れるまでは，男女の数，日ごろの人間関係等，グループのメンバー構成に配慮し，認め合える雰囲気を作る

　　◇初めに，活動の内容，活動の時間，注意事項を説明する

　　◇個々の役割を明確にし，責任が平等になるように担当を交代していく

　　◇互いの交流を中心にした活動にする

（自分の考えを発表する，他者の考えを聞く，交流を通じ考えを練り上げる）

◇お互いの話し方，挨拶，声かけ等を指導する

（反対意見を述べる場合）

○さんの意見も良いと思いますが，私は△と考えます。その理由は〜

◇教師が適切に援助し，励ます場を作る

④ 提出物，ノートの点検

できるだけ早く点検し，短くても評価の言葉を必ず添える

⑤ 家庭学習

◇授業時間の補充を兼ねて，授業とセットで実施する

（予習，復習，自己学習等，内容を工夫する）

◇生涯学習の基盤としての学習習慣の定着を図る

（留意点）・意義の明確化

・学校，学年の共通理解

・家庭との連携（協力を要請する）

・後の点検指導を迅速，丁寧に行う

（必ず評価のコメントを添える）

第11章

道徳教育

「道徳」とは……みんなで幸せに生活していくための行動規範

　人々が安心して生活するには一定のルールが必要です。そのルールには法律，規則等がありますが，道徳もその仲間です。ただ，法律や規則に違反した場合には罰が科せられますが，道徳にはありません。望ましい行為として，自分で自分をコントロールすることが求められます。

　道徳的行為は理想的な行為ですが，矛盾や葛藤が生まれます。だから道徳的価値について考え，自分はどのように行動すべきか判断し，実践できるようになることが必要です。そのための教育が道徳教育です。

第1節　道徳教育

　学校の教育活動全体を通じて，人としてよりよく生きるための基盤となる道徳的心情，道徳的判断力，道徳的実践意欲と態度などの道徳性を養い，道徳的実践力を育成する教育活動です。

　⇒道徳性は生まれつき身に付いているものではなく，社会生活の積み重ねと，適切な指導による学習で身に付けていくものです。

第2節　道徳教育の必要性

① 　価値観の多様化で，過去の道徳的規範が揺らいでいる

　　→人々が勝手な行動に走るようになってきた

② 　個人主義，希薄な人間関係等による倫理・道徳的な問題の発生

③ 　産業構造の変化，技術の発展，環境・資源問題の発生に伴い，倫理・道徳規範の変化が必要

④ 　家庭や地域の教育力の低下と，偏った道徳性の助長

⇒人間らしく生きることを求め，新しい道徳的規範や社会規範を築くことが必要とされています。

第3節　道徳の授業

1　道徳の授業

特別活動や各教科，外国語活動，総合的な学習等で学んだ「道徳的価値」を補充，深化，統合して，自分のものとしていく時間
⇒授業を通して，内容項目の道徳的価値と自己を見つめ，自分はどうすべきか考え，実践につなげるための時間

2　授業に向けて

① 子どもの実態の把握

② ねらいの明確化…教師の願いと授業のねらいを明確にする

③ 資料の吟味…子どもの疑問に答えられるだけの資料の研究
◎ストーリーの確認
◎道徳的価値がどのように含まれているか
◎子どもの実態に適合しているか
◎子どもが自分に置き換えて考えられるか
◎登場人物の道徳的変化は

④ 授業…道徳的価値について深く考え，議論することを通して実践へとつながる流れを考える

3　授業例

(1)　資料を用いた授業の基本過程

時間を無駄なく使い，効果を高める指導を実現する1つの方法

（ア）導入…動機づけ

ねらいとする道徳的価値が自分と関係深いことを気付かせ，自分のこととして考えようとする姿勢を作る

（イ）展開前段…道徳的価値の理解（資料学習）

資料の登場人物が行った道徳的行為や，その葛藤，考え方を1つの模範例として受け取らせる

☆価値理解…道徳的な価値の良さや素晴らしさ，清新さを理解する

　（ウ）展開後段

　　①　振り返り（道徳的価値の自覚）

　　　自分との関わりで道徳的価値を捉える

　　②　道徳的価値の一般化

　　　資料での道徳的価値の学習から，それ以外の場面や状況でもその価値が素晴らしいことを確認させる

　（エ）終末…道徳的価値の醸成

　　ねらいとする価値についてまとめ，実践意欲や態度に結びつける

　　☆印象的な終わり方を心掛ける

　　　「心に残ったことは？」「授業で分かったことは？」

　　　「〜に手紙を書こう」，教師の説話　等

　　⇒特別の教科道徳では，言語活動を効果的に活用することが求められています。

　＜言語活動の例＞

　　◎自分の考えをまとめるための「書く活動」

　　◎考えを他者に「伝える活動」（効果的に表現する）

　　◎他者の考えを理解して「聞く活動」

　　◎「話し合い（意見の交流）の活動」（自分との関わりで考えて）

　　　　　　　　　　　　　　　　　　　　　　　　　　　　　　等

⑵　自我関与を中心とする学習の例

読み物資料を用いて「自分との関わり」で多面的，多角的に考えることを通して，道徳的価値の理解を深める（道徳的判断力の育成）

　⇒「自己の振り返り」を重視

　［授業の流れ］

価値理解を基に，価値や生き方について考え，議論する学習活動を通じて道徳的な見方，考え方を深めていく

⇒前述「(1)　資料を用いた授業の基本過程」で，(ウ) 展開後段の「①振り返り」の部分を深める

　① 道徳的価値を自分との関わりで考え，他の人の考えと比較する

　　●判断の理由を発表する→「どのような理由でそう考えるのか」

　② 考えを交流させて多面的，多角的に考えを深める

　③ 望ましい行動を考える

　（教材例）「絵はがきと切手」　等

(3) 課題解決的学習を用いた授業の例

多面的，多角的に考え，将来出会う様々な課題を主体的に解決する資質，能力を養う

◎児童生徒が課題を見つける「課題発見型」と，教師が課題を提示する「課題提示型」が考えられる

◎小学校高学年，中学生での活用が有効

［授業の流れ］

　① 導入…●興味を抱かせる工夫を

　　　　　　●ねらいとする価値の提示

　② 資料学習…●資料の設定の理解

　　　　　　　　（登場人物，心情の移り変わり，葛藤　等）

　　　　　　　●資料で何が問題か，共通理解をする

　　　　　　　（発問は１つか２つに）

　　　　　　　（例）自分の考える「思いやり」とは？

　③ １人で考える…●課題への答えとその理由をワークシートに記入

　④ 話し合い…●小グループで話し合いをする

　　　　　　　　→グループの考えをまとめる

　　　　　●クラス全体で話し合う
　　　　・グループごとの考えを発表し，それぞれの長所，短所等を話
　　　　　し合う
　　　　・クラス全体で考えを練り上げる
　　⑤　まとめる…●各自が考えをまとめ，ワークシートに書く
　　　③から⑤への深まりが授業の成果
　　　(教材例)「ロレンゾの友達」「最後の贈り物」　等

(4)　体験的な学習を用いた授業の例

　道徳的価値の理解を深め，道徳的行為を実践することができる資質，
能力を養う
　　　◎今までの体験を通して課題を考える方法
　　　　日常の生活場面や集団宿泊活動，自然体験活動，ボランティア活
　　　　動等を題材に
　　　◎自分が登場人物ならどう行動するか，役割演技等を通して価値の
　　　　理解を深める方法，役割演技等を通して道徳的行為を実践する方
　　　　法等を考える
　　　(教材例)「泣いた赤おに」「はしのうえのおおかみ」　等

(5)　道徳的価値相互間の関係を考える学習例

　[規則の尊重] と [寛容，相互理解]，[友情，信頼] と [公正，公平，
社会正義] 等，相互間の価値を考える中で，物事を多面的，多角的に捉
え，価値の理解を深める
　　　(教材例)「ここを走れば」「時計係」　等

第12章
特別活動

人間関係の確立には,実践的な集団生活を通して学ぶことが有効です。

特別活動は,「望ましい集団活動を通して」「主体的に」「体験的に」「自治的活動を学ぶことが目標です。

第1節 特別活動のポイント

◇集団での行動

　共通の目標を目指して,集団で協力して実践していく

◇体験的,実践的な活動

　自分たちの力で,色々な問題の解決に向けて活動する

　⇒自治的能力を育成

第2節 内　容

特別活動は活動の内容によって（A）学級活動,（B）児童会・生徒会活動,（C）クラブ活動（小学校のみ）,（D）学校行事の4つに分けられます。

（A）学級活動

① 学級や学校の生活づくりに関すること

◇学級や学校における生活上の諸問題を解決する

　→話し合い活動の充実

◇学級内,学校内の組織を作り,仕事を分担する

　→係活動,委員会活動

◇集団での生活の向上を図る

　→自分たちでルールを作り,守る活動の重視

② **日常の生活や学習に関すること**

⇒社会的スキルを身に付ける活動

◇基本的な生活習慣を身に付ける

→挨拶・言葉遣い，持ち物の整理整頓，衣服の着脱　等

◇望ましい人間関係を築く→社会的スキルの獲得

◇健康で安全な生活態度を育成する

◇望ましい食習慣を形成する→給食指導

③ **キャリアの形成に関すること**

◇希望や目標の実現に努力する

◇当番活動等の役割分担と，働くことの意義を理解する

→集団に進んで貢献しようとする態度の育成

◇図書館を有効に活用する

[話し合い活動 (学級会)]

全ての活動の基本となるのが「話し合い活動」です。「話し合い」は私たちの生活においても大変重要なシステム(仕組み)だと言えるでしょう。子どもたちがしっかり身に付けることが望まれます。

＜話し合いの前提として＞

◇色々な考えがあるから話し合うことが大切である

◇問題は話し合いで解決できる

＜基本的なルール＞

◇人それぞれに考えがある

◇自分の考えを明確にする

◇みんなで意見をまとめなければ進まない

◇反対意見の人の思いを理解する

◇みんなで決める

●その決定で困る人はいないか

●自分は決まったことを守ることができるか

◇決まったことには気持ちよく従う

＜方法＞

① 司会は輪番制にする

　◎５人１組で司会グループを構成する

　◎学級会ごとに司会グループが交替していく

　◎司会グループ内で，会議ごとに役割を交替する

　　（司会１名，副司会１名，記録１名，黒板記録２名　等）

② 「みんなで決める」意識を共通理解する

　司会グループだけが頑張るのではなく，みんなに，「自分たちで決めるんだ」という意識をしっかりもたせる

③ 前もって「議題ボックス」にみんなが入れた議題カードの中から，司会グループが，議題を選ぶ（提案理由をよく吟味する）

④ 司会グループは，「議題と提案理由」と，「話し合いの柱」をしっかり押さえて話し合いに臨めるように準備する

⑤ 一人ひとりの意見を大切にする

　◇反対意見を言う時は，「○○さんの意見もいいと思いますが，私は△の方がいいと思います。理由は〜」と，考えを受け入れてから発言する

　◇決定は多数決は採用せず，全員一致を原則とする

⑥ 教師の助言は話し合いが柱からそれてきた時に行い，話し合いがスムーズに進むよう，司会グループを補助していく

⑦ 教師の講評はよかったこと，進歩したこと等を中心に分かりやすく，簡潔に伝える

＜学級会までの流れ＞

◇議題の選定→議題ボックスに入れられた議題カードから選ぶ

◇議題の決定→みんなに選んだ議題の承認を得る

◇準備→司会グループで役割を分担し，話し合いの柱を決める

◇連絡→話し合いの柱を報告し，考えをまとめてくるように依頼する

＜学級会本番の流れ＞

◇開始の言葉

◇司会グループの役割の紹介

◇議題の確認

◇提案理由の説明

◇話し合い

（注意すべき点）

　◉議題に沿っているか

　◉一人ひとりの意見が大切にされているか

　◉1人で，また，グループで考える時間が確保されているか

◇話し合いの結果の発表

◇教師の講評

（B）児童会・生徒会活動

異年齢の子どもたちからなる集団による活動を通して，自治的能力の育成を図る

1.計画の立案

◇上級生が中心となって，年間，学期，月ごとの活動計画を立案する

2.運営

◇役割を分担し，協力して運営に当たる

代表委員会，集会活動，主催行事の実施，運動会等学校行事への協力　等

（C）クラブ活動（小学校のみ）

学年や学級が異なる異年齢の子どもたちからなる集団の活動を通して，より良い人間関係を築く力を育成する

1. 計画の立案

　　◇上級生が中心となって，年間，学期，月ごとの活動計画を立案す
　　る

2. 運営

　　◇役割を分担し，協力して運営に当たる

　　　クラブを楽しむ活動，クラブ発表会　等

　　※中学校では放課後の部活動がこれに当たります。

　部活動は中学校の教育活動の中で大変重要な役割を担っています。

（D）学校行事

　各学校が伝統的に実施してきたもので，種々の体験活動を通して，集
団への所属感や連帯意識が深められるように取り組みを進める

1　行事の種類

①　儀式的行事…入学式，卒業式，始業式，終業式，修了式，着任
式，離任式，朝会，創立記念日　等

②　文化的行事…学芸会，文化祭，学習発表会，作品展示会，音楽
会，音楽鑑賞会，演劇鑑賞会，クラブ発表会　等

③　健康安全・体育的行事…健康診断，避難訓練，交通安全等の行
事，運動会，体育祭，球技大会　等

④　遠足・集団宿泊的行事…遠足，修学旅行，野外活動，集団宿泊
活動　等

⑤　勤労生産・奉仕的行事…飼育栽培活動，校内美化活動，地域清
掃活動，福祉施設との交流　等

2　取り組みのポイント

①　活動目標を全員で作り，目標について全員で共通理解する

②　目標を達成するための方法や手段を全員で考え，協力して実践
する

③　一人ひとりが役割を分担し，自分の役割や責任を果たすととも

に，自己評価・相互評価をする

④　一人ひとりの考えを大切にし，信頼し合う関係を作る

⑤　所属意識，連帯意識を高める

3　計画立案のポイント

◇実施する行事のねらいを明確にする

◇ねらいを達成するための活動内容を考える

◇ねらいを達成するための指導方法を考える

4　指導のポイント

[事前指導]…子どもの行事への参加意欲を高める

◇今までの行事の積み重ねを大切にする

◇ねらい・意義に関するオリエンテーションを行う

◇目標を達成するための共通・共同の目標をみんなで話し合って決める

◇全員で活動内容やルールを決める

◇役割について話し合い，分担する

◇活動の準備を協力して行う

[当面指導]…計画の実践を見守り，指導，援助する

◇目標達成のために協力して活動しているか

◇自分の役割を全うするために努力しているか

◇自分たちで決めたルールが守られているか

◇新たに生じた課題について，お互いの考えが大切にされて話し合われているか

◇配慮を要する子どもに対して，他の者が適切に対応しているか

◇子どもたちの安全を確保する

[事後指導]…活動をまとめ，反省し，次につなげる

◇自己評価，相互評価させる

●ねらいは達成できたか，何を学んだか，自分にとってどうであっ

たか，課題は何か　等

※教師の評価…何ができたか（成果），何ができなかったか（課題），子どもたちはどう変わったか，ねらいは達成できたか，指導計画・指導方法は適切であったか，次にどう生かすか　等。

第13章

具体的な課題の対策

　教師の意図通りに，子どもたちが活動できるように成長するまでには数々のハードルがあります。焦ることなく子どもたちと共にハードルを1つずつ越えていきましょう。

第1節　対応のポイント

① 適切な行動に注目し，それが見られたら褒める

② 不適切な行動には関心を示さない（危険な行為は，すぐ止める）

③ 行動の「原因」より，「目的」に注目する

［行動分析学より］

　行動と，その行動に引き続いて起きている後続事象には一定の法則がある⇒その行動を強化する原理

（例）おもちゃ売り場で子どもがおもちゃを買って欲しいと駄々をこねる（行動）と，母親は大人しくさせるためにおもちゃを買い与える（後続事象）

　欲しいものが手に入った子どもは，それから欲しいものがあればこの行動（駄々をこねる）を繰り返す

第2節　具体的対応

1　教師の指示に従わない

（教師に反抗する，授業を妨害する　等）

　●冷静に注意する

　　→適切な行動が見られたら褒める

　　　適切な行動が見られなければ，関心を示さない

●適切に行動する子どもたちを褒める

　→適切に行動することが評価されることを示す

●その後の行動で，好ましい行動が見られたら褒める

●行動の背景を考える（何故そのような行動を取るのか）

＜注意の仕方＞

・注意はタイムリーに短く

・言葉以外に，首を横に振る，手で×を示す等の動作での注意も

・威圧的な言葉，全体の前で恥をかかせる等は厳に慎む

・興奮している場合は，落ち着くまで待つ

・注意後，望ましい行動が見られたら，即，褒める

　※授業中の問題行動発生の原因

・授業の内容が分からない

・授業が面白くない

・教師が嫌い

・注目してもらいたい

思い当たる点はないですか？

2　注目，関心を引こうとする

（授業中の私語，周囲へのいたずら，立ち歩き　等）

●行動の背景を考える（何故そのような行動を取るのか）

●冷静に注意する

　→適切な行動が見られたら褒める

　　適切な行動が見られなければ，関心を示さない

●適切に行動する子どもたちを褒める

　→適切に行動することが評価されることを示す

●その後の行動で，好ましい行動が見られたら褒める

　→「注目している」のメッセージを送る

3　授業に集中できない

- ◉一度に多くの指示を出さない
- ◉集中しやすい環境を作る

  （座席の配置，掲示物の整理　等）
- ◉個人的な指示を与える
- ◉タイムリーに声かけする（小声での指示）

4　ルールや順番が守れない

- ◉ルールや順番を守る意味を説明する
- ◉ルールを分かりやすく説明する
- ◉ルールや順番を守らなければならない場面の前には，気を付ける内容を説明する
- ◉守れたら，褒める

5　係や当番の仕事ができない

- ◉仕事の方法を具体的に説明する
- ◉教師が一緒に活動する（できる部分は任せる）
- ◉他の場面で，当人ができそうな仕事を任せ，周囲に認められる機会を作る
- ◉できたら褒める

6　暴力を振るう

- ◉落ち着かせる
- ◉何故そうしたのか思いを聞く
- ◉行動が適切であったか考えさせる
- ◉適切な行動を考えさせる（教える）
- ◉繰り返し指導を続ける

  ※「いやがらせをする」場合の対応も同様に。

7　予定の変更に対応できない

- ◉スケジュールは変更される場合があることを事前に伝えておく
- ◉活動中は可能な限り活動についての情報を逐一伝える

（疑問や不安を聞いて対応する）

●変更される場合は，事前にその理由とどう変更されるのかを伝える

8 友達を不愉快にさせる発言をする

●不愉快にさせたり，不愉快にさせる言葉を言った場合は，何が良くなかったのかを，相手の気持ちになって考えさせる

●当人の相手を良い気持ちにさせる言動は褒めて評価する

9 パニックを起こす

●冷静に対応して，落ち着かせる

●落ち着いたら，子どもの気持ちを推測して代弁してやる

●不安や疑問が無いか聞き，安心感をもたせる

※大きな声で注意したり，力で静止しようとすれば逆効果になる場合があるので注意する。

10 整理・整頓ができない

●整理・整頓をする必要性を説明し，理解させる

●整理・整頓の方法を具体的に教える

※全体ではなく，部分部分の整頓から取り組むことを教える。

●教師や友達と一緒に取り組む

●できた時の気持ちを聞き，褒める

11 宿題をしてこない

◇年度当初に，宿題の大切さと，できなかった場合のルールを明示しておく

●宿題をしてきた子を褒める

●してこなかった理由を聞く

※「どうしてしてこなかったのか？」等，責めない。

※家庭の事情等でできなかった子に配慮する。

●どうすれば良いか考えさせる（放課後にやる，家でやってくる等）

◉放課後にやると答えた子は放課後にやらせる

12　友達関係づくりが苦手

◉教師が当人を受け止め，信頼関係を築く

◉教師と当人との関係の中に，当人と関われそうなクラスメートを誘う

◉色々な友達と関わる機会を設定する

13　引っ込み思案

◉「あなたならできると思う」，「失敗してもかまわない」と事あるごとに伝える

◉前向きな様子が見られたら，必ず褒める

◉当人にできそうな仕事を任せる

　→仕事ができたら必ず感謝の気持ちを伝える

14　グループ化

＜女子のグループ化＞

・居場所を作るためにグループを作ることが多い

・リーダー，取り巻き，単なるメンバーと立場は異なるが，同じ行動が求められる

・1人を叱ることは，グループ全体を叱ることに通じる

　◉グループを否定しない

　◉グループのメンバー一人ひとりとのつながりを強化する

　◉グループ外の子どもとの活動を多く取り入れる

　◉グループに学級の役に立つ活動を依頼し，できたらお礼を言う

15　国語が苦手

国語が苦手の子の多くは音読が不得手の傾向が強い

＜音読の働き＞

・自分が理解しているかどうかを確かめる

・他の子どもが理解するのを助ける

●目ずらしの指導

音読の際，目は声に出している字より次の字に注がれている

→目ずらしのメカニズムを教え，同じ文を繰り返し読ませる

→読ませる文を少しずつ長くしていき，自信をもたせる

●語のまとまりや言葉の響き等に気を付けて音読させる

●個別に音読指導を行う

●全体の前で読ませる

※前もって練習させておく。

●上手にできたら，全員で拍手する

※よく読む，入念に読む，注意深く文脈をたどって読む習慣を身
に付けさせる。

16　算数が苦手

＜算数で育てる感覚＞

（数について）

・1対1対応させながら数を数えることを繰り返す

・10進法について理解させる

（量について）

・具体物の大きさを調べたり，確かめたりする体験を積ませる
（例）30秒間目をつぶる，家から学校まで何m？，身の周りに
ある重さ1kgの物は？　等

（図形について）

・多くの図形を見る，描く，作る活動を積み重ねる

＜各領域のポイント＞

（数と計算）

・足し算，引き算，かけ算，割り算，小数の計算，分数の計算

（数量関係）

・関数（数の変化の対応の規則性）についての感覚の育成

※数量関係の理解→図を描いたり，具体物を用いたりする。

●個に応じた指導を充実する

→授業の中に全体指導と個別指導の部分をバランスよく設定する

●自信の無い子には，できたところを褒めて自己肯定感を高めてやる

●答えが見つけられない子への対応

・困っている部分についてのヒントを与える

・答えを先に教え，なぜそうなるのかを考えさせる

※答えより，答えを出すまでの過程が重要。

●宿題で計算ドリルだけでなく，考え方を問うドリルや図形のドリルを活用する

17　体育が苦手

●見本（良い例と悪い例）を見せ，部分部分に分割して指導する

●できそうな目標を設定して，取り組む気持ちを尊重し，頑張りを評価する

※他の子どもとの比較は厳禁。

※１人で練習させない。

●毎時間，補強運動（体力を高める運動）を取り入れる

カエルの足打ち（逆さ感覚），カエルの倒立（腕の力，バランス感覚），手押し車（腕の力，腹筋），壁倒立（逆さ感覚，腕の力），うさぎのピョンピョン跳び（跳躍力，リズム感覚）　等

第3節　不登校

1　不登校の原因，きっかけ

友人関係，学力不振，教師との関係，学校生活上の問題等，学校の問題に起因する場合が多い。

他に，親子関係や両親の関係等の家庭や家族が原因となる場合や，病気や完璧主義な性格，また，勉強する意味が分からない等，何でも不登校のきっかけとなる。

2　不登校の予防対策

① 　一人ひとりに応じたきめ細かな指導の徹底

分かる授業，子どもの立場に立った生活指導を日頃から心掛ける

② 　クラスの仲間づくり

認められ，存在感が感じられるクラスづくりに取り組む

③ 　早期発見と早期対応

不登校の前兆を見逃さず，早めに適切な対応を取る

◎欠席状況の把握

→欠席が３日続いたら，即，家庭訪問をする　等

◎家庭との連携

→変化に気付いたら，必ず保護者と情報交換をする　等

※中学入学や新年度初め，長期休業後，休み明けは特に慎重な対応が必要。

④ 　教育活動の点検

子どもにとって自己の存在が実感でき，安心できる学級となっているか，日頃の指導状況や指導体制の点検を実施する

3　学校復帰への対応

（不登校の段階）

①前兆〜前駆期　②進行期　③混乱期　④回復期

※回復のチャンスは，①と④期。

（そこで適した登校刺激を与える）

※回復期には，具体的な不安を１つずつ取り除いてやる。

（こういう方法もあるよ！）

「なんとかしてあげよう」より「子どもの理解・信頼関係の構築」を第一

に

●不登校をその子自身の問題と考えるのではなく，成長の一過程と捉えること

●その子のために何ができるんだろう？　どういうふうに応援してあげられるんだろう？　と考えることが重要

●子どもの話をできる限り聞き，悩んでいる状況を理解する

●根気よく，粘り強く，声掛けをし，心の交流を

※粘り強く家庭訪問を続け，11カ月目に初めて顔を合わせることができたケースもあります。

（その子は自立した社会人に成長しました）

・本人のペースに合わせてやること

（強引に引っ張ってはいけない，しかし，放っておいてもいけない）

・こちらの考えを伝える前に，「あなたはどう考えているの？」と気持ちを尊重し，答えを本人に出させる姿勢で臨むこと

→大人では合理的に割り切れることも，子どもの中では矛盾を感じることが

・不登校状態でも，できるだけ規則正しい生活を保つ

・「どこまでできるようになったか」の考え方は子どもを追い込む（行きつ戻りつを繰り返しながら成長していく）

●子どもの支援とともに，母親の支援が重要なポイントに

「一生続くわけではありませんよ。大切な成長の一過程です」等と→母親の落ち着きが確実に子どもの安心につながる

●落ち着いてきたら，肯定的に考えられるように，心の整理をしてやる（否定的な部分を取り除いてやる）

「行きたいけど行けない」

→何が気になっているのか，何に劣等感をもっているのか　等

◉やる気が起こる活動を与え，多くの体験をさせてやる

（価値観の多様性を感じさせる）

4　復帰後の対応

◉子どもの心情を理解し，何よりも温かく迎える

◉無理なく，1人でも多くのクラスメートと関係ができるような仲間づくりをする

◉保健室等，別室も使用して，状況に応じた学校生活を保障する

◉それぞれの子どもに応じた学習指導を行う

◉担任だけに任せず，学校全体でのサポート体制を築く

第4節　特別に支援が必要な子に対して

1　障がいの特性の理解

［ADHD（注意欠如・多動症）］

・年齢不相応の落ち着きの無さを示す

・興味がないことには注意を持続することが困難

（行動面の特徴）

　・やりたいことがあれば我慢することが難しい

　・体を動かしたり，立ち歩いたり，隣に話しかけたりして，教師の話に集中することが苦手

　・しゃべり過ぎたり，はしゃぎ過ぎたりすることがよくある

　・忘れ物や，持ち物を無くすことが頻繁にある

［LD（学習障害）］

・知的発達の遅れはないが，聞く，話す，読む，書く，計算する，推し量る等の能力の中の特定のものの習得が難しい

（行動面の特徴）

　・文字や図形等の形の理解が難しい

　・複数の指示を与えても1つしか覚えられない

　　・忘れ物が多く，整理整頓が苦手

　　・課題への取りかかりに時間がかかる

［自閉症スペクトラム障害］

　・他とコミュニケーションを取るのが難しい

　・こだわりが強い

（行動面の特徴）

　　・友達との関係づくりが不得手

　　・言外の意味を読み取るのが不得手

　　・決まりや時間をきっちりと守ろうとする

　　・予定の変更に対応するのが難しい

　　・思い通りにならないとパニックを起こす

　　・気に入った服や，食べ物へのこだわりが強い

　　　→指導面ではいずれのケースでも

　　・視覚に訴える工夫を

　　・指示は短く，一度に多く与えない

　　・指示の説明をする

　　・個別の対応を重視する

　　・発達に応じた教材を与える

　　　※障がいに対する教師の考え方が，学級の子どもたちの言動に

　　　　影響を与えることを十分に留意する。

2　実態の把握

　●指導要録等の資料を参考にする

　●指導に関わった前担任等からアドバイスを受ける

　●保護者から学校外での様子や色々なケースでのアドバイスを受ける

3　個別の指導計画の立案

　●個々の子どもに応じた指導計画を立案し，それに基づいて指導を進

　　める

・教科，領域，自立活動，（生活）についての指導計画

　　→支援学級担任と通常学級担任が協力して作成する

4　保護者との連携

●保護者の思いや願いを知り，受け止める

●連絡を密に取り，情報の交換に努める

　教室や学校での様子，嬉しい出来事等を積極的に伝える

5　関係機関との連携

医師や児童相談所との情報交換に努める

※将来を見据える視点からの指導の参考にする。

第14章
問題行動・トラブルに対して

　子どもたちが集団生活を送る中では，種々のトラブルが起こります。また，見過ごすことのできない問題行動が起きる場合もあります。

　このようなことを防止するために日々の指導が大切です。

　もし，起こってしまった場合は何よりも子どもの成長につながる指導を重視し，適切に解決しましょう。

第1節　問題行動に対して

　問題行動を個々の子どもの問題や学級の問題と捉え，学級担任だけが背負ってしまいがちですが，それでは適切に対応することが難しくなります。学年や学校全体に関わる問題と捉え，教職員が協力して解決に当たることが何よりも重要でしょう。

（指導に際して）

「なぜそのようなことが起きてしまったのか」という背景と子どもの気持ちの理解を重視する

◇子どもに話を聞く場合

　・「指導」のために話す時は，向かい合って座る

　・子どもが話しやすくする時は，横か斜め前に座る

◇注意の仕方

　・静かに・簡潔に・効果的に・追い詰めない

◇子どもの権利と人権を明確にした指導を行う

　→指導が及び腰にならないように

　　※「子どもの権利条約」等を参考にする。

◇保護者との連携

家庭訪問をして，落ち着いて話し合う

・保護者の気持ちを十分に聞く

・学校，学級での取り組みを示し，家庭での対策を依頼し，協力を
　得る

（日頃から）

① 子どもと教師の信頼関係の強化に努める

・あるがままを受け入れる

・他と比較しない

・子どもの「褒めてもらって嬉しいところ」を見つける

・教師が子どもに頼る場面を作る（仕事を頼む　等）
　※子どもが教師の指示に従わないのは，子どもにとって教師が
　　有意義な存在ではないから。

② 子ども同士のつながりを強化する

　人は集団の中に自分の位置を見出すと安定する

・全体の中で認められる場を教師が設定する

　→認められることで，子どもたちの自己肯定感が高まる

第2節　問題行動への対応例

1　けんか（子ども間のトラブル）

●その日に解決する

・個別に事情を聞く

　（子どもの力関係で一斉だと正直に言えない子がいることも）

・周囲の子どもに詳しく事情を聞く

　（いつ，だれが，どこで，何をした　等）

・集めた情報の突き合わせをして，指導内容や対処方法を決める

・当事者たちにけんかの原因や思いと，今後についての考え等，話

し合いをさせる

・クラスや学年への指導をする

・保護者に報告し，理解と協力を求める

・学校，学級で実施している取り組みを示し，家庭での対策を依頼し，協力を得る

2　暴力，物品の強要，万引き

◉できるだけ早急に対処するとともに，「この程度なら」の意識は捨てる

・個別に事情を聞く

・周囲の子どもに詳しく事情を聞く

　（いつ，だれが，どこで，何をした　等）

・集めた情報の突き合わせをして，指導内容や対処方法を決める

・当事者たちに指導をする（許されない「犯罪」であること　等）

・保護者に報告し，理解と協力を求める

　（万引きは店舗に謝罪することも）

3　金銭トラブル，喫煙，火遊び

・個別に事情を聞く

・「なぜしたのか」等，行為の原因や背景を考える

・集めた情報の突き合わせをして，指導内容や対処方法を決める

・当事者たちに指導をする

　（「犯罪」や「事件」につながる行為であること　等）

・保護者に報告し，理解と協力を求める

4　物隠し

◉「犯人探し」を問題解決の中心にしない

　→子どもたちとの信頼関係を損なったり，人権問題となる場合も考えられる

◉「悲しい思いをしている人がいる」「卑劣な，人として恥ずべき行

為である」ことを話し，加害者が自ら名乗り出る環境を作る

・長期化させない

・被害を受けた子の気持ちや立場に寄り添う（みんなで探す　等）

・感情的にならず，冷静に対応する（指示に従わない子がいても）

・今すべきこと，今後すべきこと等，対処の方針を決めて取り組む

・日々の記録をとる

・集団への指導と個別指導を適切に行う

・加害者が判明したら，行為の原因や背景を考える

・加害者に被害を受けた子へ謝罪させる

・保護者に報告し，理解と協力を求める

5　器物破損

・個別に事情を聞く

・周囲の子どもに詳しく事情を聞く

　（いつ，だれが，どこで，何をした　等）

・「なぜしたのか」等，行為の原因や背景を考える

・集めた情報の突き合わせをして，指導内容や対処方法を決める

・当事者たちに指導をする（許されない「犯罪」であること　等）

・当事者たちに今後の対処を考えさせ，実行させる

　（謝罪する，修理する，弁償する　等）

・保護者に報告し，理解と協力を求める

6　落書き

・管理職に報告する

・カメラ等で撮影し，速やかに消す

・個別に事情を聞く

・周囲の子どもに詳しく事情を聞く

　（いつ，だれが，どこで，何をした　等）

・「なぜしたのか」等，行為の原因や背景を考える

・集めた情報の突き合わせをして，指導内容や対処方法を決める

・当事者たちに指導をする

（許されない「犯罪」であり，「人権問題」である　等）

・相手に謝罪させる

・保護者に報告し，理解と協力を求める

7　エスケープ

・すぐに隣の教室や職員室に連絡し，空き時間の教師の巡回を依頼する

・個別に事情を聞く

・「なぜしたのか」等，行為の原因や背景を考える

・集めた情報の突き合わせをして，指導内容や対処方法を決める

・当事者たちに指導をする

・保護者に報告し，理解と協力を求める

8　教師への暴言

・複数の教師で対応する

・言わせっぱなしにしない

・個別に事情を聞く

・「なぜしたのか」等，行為の原因や背景を考える

・当事者たちに指導をする

・保護者に報告し，理解と協力を求める

第3節　いじめ問題の対応

　いじめとは「当該児童・生徒が一定の人間関係のあるものから心理的，物理的な攻撃を受け，精神的な苦痛を感じている」状態をいうと2007年に文部科学省が定義しました。

　いじめはあってはならないことです。しかし，どんな学級にも起こりうるという前提で予防に努めるべきであり，起こった場合には早期発見・

早期対応が重要です。

1　いじめの構図

　いじめは人間関係の中のパターンの1つと考えることができ，集団の色々な場に見られ，学校だけに起こるものではない。

　いじめは「いじめる者」，「いじめられる者」，「いじめを面白がる者」，「見て見ぬ振りをする者」等，色々な立場の者たちによって構成されることが多いが，最近増加しているネットでのいじめでは観衆や傍観者は不在で，そのいじめは家庭まで持ち込まれる。顔が見えないので相手の気持ちを考えることができず，攻撃がエスカレートしてしまう。

　いじめる者の特徴として，自己肯定感が低く，ある種のコンプレックスを抱いていることが多く，それをカバーするために「力」を示そうとするが，当人も完璧な者ではないので，他の場面ではいじめられる側に立たされることもある。

　いじめは意図をもった者が同調者を集めることによりいじめ集団が形成される。同調者は自分がいじめられるのが恐くて加害者側に立ってしまうケースが多い。

　教師は「いじめに気付いたら知らせること」を求めるが，いじめの通報者は集団の中で最も嫌われる存在である。仲間からの排除が最大の恐怖であるこの年齢の子どもたちに通報を期待することは望めない。

　いじめられる者はいじめを否定する。それは偶発的なもので，そのうちに無くなると考えたがる。また，いじめを認めることは自己肯定感を失うことにもつながるので，事実を追求することは当人を追いつめる可能性があるので，慎重な対応が求められる。

2　いじめの原因

　原因としては多種多様である。ストレスを弱い者への攻撃で解消しようとする「心理的ストレス」，他と異なる特質をもった者への嫌悪感や排除意識からの「異質な者への嫌悪感情」，「妬みや嫉妬」，「遊び感覚や

116

ふざけ意識」等が挙げられる。

　また団結力の強い学級では，まとまりを阻害しそうな人物を排除しようとすることがいじめにつながることがある。

　思春期の「自分とは何者か，自分はどう生きればいいのか」等に悩む自己同一化の過程にいる子どもたちの「順位闘争」に原因を見ることもできる。

　知力，体力，容姿，服装，経済状態等，あらゆる要素がいじめの材料となる。優等生的な者，家庭的・経済的に恵まれている者等，色々な面で他から羨ましがられる立場にいながら，自己防衛の力が弱い者が被害者となることが少なくない。

　教師や大人が無意識のうちに特定の子を拒否すると，それを読み取った子どもたちが同様の行動を取ることもあるので，教師は日々の言動に十分な注意が必要である。

3　いじめの予防

　いじめの予防には学校全体で取り組むことが必要である。

(1)　学校の取り組み

　　①　生徒指導体制の確立

　　●いじめ対策委員会を設置する

　　　・予防対策の策定

　　　・対応の基本方針の策定

　　●児童・生徒集会等，あらゆる機会を通じ，いじめを許さないことを実感させ，いじめを許さない学校づくりに取り組む

　　●いじめ防止月間を毎学期，実施する

　　　・人権教育の重点実施で，人権を尊重する意識を育てる

　　　・いじめに関するアンケートの実施

　　　・いじめに関する授業の実施

　　　・仲間づくりの行事の実施（異学年交流会　等）

② 予防対策の実施

　・教職員，保護者間の情報交換システムの構築

　・児童・生徒理解のための取り組みの実施

　　（児童・生徒との懇談の実施　等）

　・学校生活のケア対策の実施

　　（学校カウンセラーや養護教諭の協力を求める　等）

　・いじめについての校内研修の充実

　・指導状況の日常的な点検の実施

(2) 学級の取り組み

① 人権教育の推進

② それぞれが活躍できる場を設定し，認め合い，支え合う学級集団づくりの充実

③ 道徳教育と特別活動の充実

　・人間の生き方に触れ，考える機会を大切にする

　・自分たちの思いや願いを形にする話し合い活動の充実

　・行事を通じて認め合いを共有する

　・みんなが協力しないと達成できない取り組みの実施

④ 色々な人と交わる機会を増やし，人間関係を固定化しない

　・席替え，チーム替え，グループ替え　等

⑤ 情報の収集に努める

　・教師の連携，アンケートの実施　等

　　いじめが深刻化するのは小学校高学年から中学生が最も多く，時期的には 5 月〜 6 月，10 月〜 11 月に発生することが多いというデータもあるので特に注意が必要と考えられる

4　いじめへの対応

　学級，学年，学校として，早急に具体的取り組みを実施し，子どもの信頼を取り戻す。

① 担任は自分だけで処理しようとせず，学年全体で対応する

② 個別の聞き取り調査やアンケート調査を実施し，事実の確認をする

　◉いじめられたり，嫌なことをされたことはないか？

　◉いじめを見たり，聞いたりしたことはないか？

③ 子どもたちへの対応

（いじめを受けている子ども）

　◉担任がしっかり受け止め，何があっても守ることを伝える

　　→信頼感を回復させる

　◉その後の対応を話し合う

　　・保護者に話してもよいか？

　　・自分はどうしたいのか？

　　・担任にどうして欲しいのか？　等

　　※その子に原因を求めるようなことは絶対にしない。

（いじめている子ども）

　◉なぜいじめるのか，原因と背景を把握する

　◉心理面を分析する

　◉いじめられている子の気持ちを理解させる

　◉いじめは絶対に許されないことであると認識させる

（いじめを支持する子ども）

　◉いじめを支持した原因と背景を把握する

　◉心理面を分析する

　◉いじめられている子の気持ちを理解させる

　◉いじめは絶対に許されないことであると認識させる

（傍観者）

　◉いじめを制止しなかったことの重大性を理解させる

　◉いじめられている子の気持ちを理解させる

◉いじめは絶対に許されないことであると認識させる

※いじめを再発させないためには，傍観者への指導が最も有効と考えられる。

④　保護者への対応

（被害者の保護者へ）

◉いじめが発生したことについて，謝罪する

◉当人，加害者等についての今後の対応について説明する

◉解決のための協力を要請する（当人のサポート　等）

（加害者の保護者へ）

◉事実を説明する

◉今後の学校の対応を説明する

◉家庭での対応を要請する

（全校の保護者に）

◉事実を説明する

◉今後の取り組みを説明し，支援と協力を要請する

◉日々の啓発に努める

⑤　全校指導の実施

◉いじめは絶対に許されないもので，学校は断固とした対応を取ることを明言する

◉「遊び」，「軽い冗談」，「ゲーム」，「相手も悪い」等の言い訳は一切認めないことを明言する

◉いじめを放置，広がらせた個々の責任を自覚させる

※気付かなかった教師の反省も子どもの前で行う。

⑥　再発防止の取り組みを徹底すると共に，指導状況の点検に努める

　いじめの芽はどこにでも存在します。それが大きくならないように日常的に摘み取る作業を継続しなければなりません。

　それは根気の要る作業ですが，子どもたちに悲しい思いをさせないように，そして健やかな成長のためには欠かせない重要な作業であると確信します。

第4節　保護者への対応

★トラブルが問題化するのは

① 　事象そのもの（対処の仕方も含め）に問題がある

② 　保護者の担任，学校への日頃からの不信・不満と不安

③ 　認識の温度差（自分の本務ではないと考える教師と，サービスするのが当然であると考える保護者）による初期対応の遅れ

　この中の②が最も多い→日頃からの保護者との連携が重要

◇解決には両者の合意と納得が必要

① 　誠実に温かく対応する

② 　保護者の立場に立ち，話を十分に聞く

③ 　早急に事実関係を調査する

④ 　対応策を検討する（校長，主任等と相談して）

⑤ 　迅速な対応→学級経営方針を明確にし，決意（自分の気持ち）と対策（どうするか）を分かりやすく示す

　※できないことは請け負わないこと。

1　対応の具体策

① 　申し入れを詳しく聞く

　・問題だと感じている点（不満だと感じている点）を明確にする

② 　事実関係の調査

　・事の詳細（同学年の教師や子どもたちから聴取）

③ 　問題点の整理

　（当事者たちに関して）（担任に関して）

※必要ならば管理職に関しても。

④　対応

　●事象への対応

　　・その後の経過や様子に配慮する

　●被害者の保護者へ（できるだけ早く家庭訪問する）

　　・事象の説明

　　・担任の謝罪と今後の対応策の説明

　　（必要ならば，主任や管理職が同席し，説明する）

　●加害者の保護者へ（家庭訪問する）

　　・事象の説明と今後の対応策の説明

　　・被害者の保護者への謝罪の要請

　●被害者へ

　　・加害者からの謝罪

　　※必要ならば教育委員会，関係機関に報告をする。

2　留意点

●学校としてできることを明言し，要求を丸呑みしない

●対応（保護者との話し合い）でのメモを正確に取る

●問題の処理とその後の対応にミスのないように細心の注意を払う

　（対応の対象）被害者，加害者，周囲の子ども，保護者，周囲の保護者，担任（委員会，関係機関も）

●苦情仲間を増やさない

●守りに入らない

●今まで以上に，保護者との連携を強化する

第5節　学校としての取り組み

1　教職員の共通認識を築く

①　教師によって指導が異なることのないように一致した取り組みを

進める

・問題行動は即，その場で指導する（見て見ぬ振りしない）

・及び腰にならない，媚びへつらわない

② 優しさと厳しさのバランスの取れた指導を心掛ける

③ 子どもの人権を尊重する

2　生徒指導体制を確立する

① 問題行動には教職員全員で取り組む体制を確立する

→1人が手を抜くと学校全体に影響が出る

★課題を抱える子どもの担任

・学級指導に全力を注ぐ

★その他の教職員

・学校全体の指導に当たる

・課題のある学級への支援を怠らない

・課題を抱える子どもに積極的に関わる

（担任の意図に沿った支援を）

⇒各自，どうすれば良いかを考える

※日頃からクラス写真等を使って，全職員が全校の子どもの名前を覚え，声掛けすることが大変有効。

② 教師が手本を示す

◉好ましい行動の模範を示す

（ゴミを拾う，丁寧な言葉遣い，きちんとした服装　等）

◉問題行動や子どもたちに対して，適切な対応に努める

※子どもたちは教師の行動をモデルにする。

3　生徒指導部を充実させる

子どもたちの行動に対して，生徒指導部として，素早い対応を心掛ける「自分がされて嫌なことは人にしない」，「自分がしてもらって嬉しいことをしよう」をモットーに

→情報の交換，問題行動への対応の指示，重点課題への取り組みの推
　　　進　等

4　保護者や地域との連携

　日頃から保護者や地域の方々との信頼関係や協力関係の構築に努める
　[第7章，参照]

5　近隣校との連携

　定期的に情報の交換に努める

6　関係機関との連携

　家庭児童相談所や子ども家庭センター，必要に応じて警察等との情報
交換等，連携に努める

＜体罰の禁止＞

　生活指導に関連して，しばしば教師の体罰事象が発生しています。

　学校教育法第11条に「校長および教員は，教育上必要があると認め
る時は，文部科学大臣の定めるところにより，児童，生徒及び学生に懲
戒を加えることができる。ただし，体罰を加えることはできない」とあ
ります。子どもを指導する上で懲戒は認められていますが，体罰は厳し
く禁じられています。

　不当，不正な行為に対して制裁を加えることが懲戒で，その限度を逸
脱するものが体罰に当たります。体罰とは「教員や父母が子どもに対し
て教育上の名目で肉体的な苦痛を与える行為」で，「殴る,蹴る等の暴力」
や，「長時間の正座や直立，教室外に起立させて授業を受けさせない，
トイレに行かせない，給食を食べさせない等の苦痛を与える行為」等が
該当します。

　注意，叱責，教室内に起立させる，別室指導，居残り，学習課題（宿
題）や清掃活動等を課す，当番を多く割り当てる等は懲戒の範囲である
と考えられます。

　体罰は違法行為であり，子どもの心身に深い傷を与えるだけでなく，「問題の解決のために暴力を振るうことは許される」との認識を抱かせることになります。

　子どもの暴力行為等には，教職員一丸となって毅然とした姿勢で指導に当たらなければなりませんが，懲戒と体罰を明確に区別，判断することが重要です。

第15章
学級づくりにつまずいた時

　年度当初の学級づくりがうまくいかないと，生活面，学習面共に色々な問題が生じてきます。

　4月，5月は行事が多く，事務処理等の校務にも追われます。また，保護者からの要望，子どもたちのトラブル，職場での人間関係等にも悩まされることがあります。

　このようなゆとりの無い状況で，学習の進度が気になるのは当然のことだと思います。そして学級づくりより学習指導を優先してしまいがちです。

　経験豊富な教師は，「年度当初は，学級生活の基盤となる学級づくりに最も重点を置くべきだ」と言います。「学習の進度が多少遅れても，学級づくりがきちんとできていれば遅れは簡単に取り戻せる。ペースに乗れば，計画より早く進むことさえある」と若い教師にアドバイスしているのをよく耳にしました。

　学級づくりが思い通りにいかないと相談を受けることがあります。そのような状況で，どうしたらよいのか先生方は真剣に悩んでいます。しかし，子どもたちも満たされずに悶々としているのではないでしょうか。

　学級づくりは極論すれば「人間関係づくり」です。安心できる関係ができることで，子どもたちは伸び伸びと活動し，更なる成長を目指します。

　今一度，足元を見つめ直し，子どもたちのために学級づくりに取り組みましょう。

第1節　学級としての機能が働かない原因

教師の指示が通らず，学級がまとまりに欠ける原因をいくつか挙げてみましょう。

1　ルールの乱れ

生活面のルールや学習規律が守られず，子どもたちが好き勝手に行動するようになる。当初からルールの徹底が不十分であったり，小さなルール破りを許してきたことがこのような状況を招いたと考えられる。

2　子どもたちの信頼関係の欠如

他の子どもに対する思いやりや尊重の気持ちに欠け，気の合った友達だけでグループを作り，全体としてのまとまりに欠ける。子ども同士の認め合いの場が不十分であったと推測される。

3　子どもたちの言動に振り回される

一部の子の言動への対応に追われ，他の子どもたちへの配慮が行き届かない事態を招いてしまう。

勝手な言動を繰り返す子どもたちを制御できず，自分たちに注目してくれない教師に子どもたちは信頼感を無くしていく。

4　教師への不満

教師の指導に対する不満が募り，信頼感を失ってしまう。教師と子どもたち一人ひとりとの信頼関係が築けていない状態にある。

教師の思いや願いをしっかり伝え，子どもたちの気持ちを十分に理解して指導に当たる姿勢が足りなかったと考えられる。

この他にも，「学習指導力の不足」や，何をどう指導したら良いのか分からないという「経験の不足」が原因と考えられる事例もあります。

第2節　学級の力を高めるために

1　原因の究明

なぜ学級づくりがうまくいかないのか，原因を考えることが必要です。

その原因によって対応が異なるからです。

　次のチェックシートを参考にして，現状を分析してください。
（5点満点で評価してみましょう）

項目	点数				
子どもとの関係づくり	1	2	3	4	5
子ども同士のつながり	1	2	3	4	5
学級のルールの定着	1	2	3	4	5
学習規律の定着	1	2	3	4	5
基本的生活習慣の定着	1	2	3	4	5
当番，係活動の定着	1	2	3	4	5
学習指導の達成度	1	2	3	4	5
行事の達成度	1	2	3	4	5
教師間の連携	1	2	3	4	5
保護者との連携	1	2	3	4	5

2　学級力再構築の取り組み

　現状の分析で今までの学級づくりの弱点に気付いたら，その対策に取り組まなければなりません。

　今まで学級づくりに悩む沢山の先生方から相談を受けましたが，意外と多いのは「色々やってみたがうまくいかなかった」という方々です。

　あれもこれもと手を広げたけれど，どれももう一つ成果が出なかったと言うことでしょう。

　方法は沢山あります。その中で自分に合った，そして学級の子どもたちに適した方法を選択することが重要です。しっかり検討して適切な取り組みを進めてください。

　そのために今一度，初心に戻って本書を初めから丁寧に読み返してく

ださい。「**第4章　教師と子どもの信頼関係を築く**」,「**第5章　学級集団づくり**」,「**第6章　学級・仲間を見つめる取り組み**」は特に大切です。

それらの取り組みの中から実践しようと考える取り組みを<u>2つか3つに絞って</u>ください。そして,成果が表れるまで「根気よく」,「全力で」取り組んでください。

ここで特に効果的な方策をいくつか挙げてみます。

(1)　信頼関係の構築

子どもが教師の指示に従わないのは,その子どもにとって教師が有意義な存在ではないからでしょう。教師と子どもがお互いを理解し,大切な存在となる努力を惜しんではなりません。

そのために重要なのは子どもの気持ちを理解することです。話はじっくり聞く,言動の背景にある思いを考える,そして子どもの悩みや課題の解決策を提示してやることです。答えが見つからなければ同僚や先輩に相談しましょう。

一方,機会あるごとに教師の願いや思いを発信し,子どもたちに教師が理解されることも大切です。

具体的な方策として,「個別指導の時間を設ける」,「個人懇談を実施する」,「子どもの意識調査の実施」,「係や当番等で子どもとの活動に積極的に関わる」等も距離を縮めるのに有効だと思います。

(2)　子どもたちの認め合い

子どもたちの年度当初の友達関係は,前学年での関係を継続することが多いと考えられます。すると仲間が多いグループと友達が少ない子どもたちができてしまい,その結果,学級生活が楽しい子どもと,楽しめない子どもができてしまいます。

ですから,年度当初は,今までの関係を超えた「新しい友達関係」を築くことに力を注ぐことが大切です。方法として教師主導で班,係,当

番等の活動を，できるだけ今までとは異なるメンバーでチームを編成することを心掛けます。活動を通して新たな発見や出会いが生まれるはずです。

またそれぞれの子どもについての情報を集め，努力や思いやりのある行動，前向きな姿勢等をみんなに紹介し，認め合える場をできるだけ多く設定することも親しくなる近道です。

楽しめるレクレーションを企画し，運営を子どもたちに任せるのも関係づくりの機会になると思います。

(3) ルールの定着

最も重要なのは人権意識の育成です。どの学年でも年度当初から丁寧に指導することが求められます。

「人権」とは「誰もが生まれながらにもっている幸せに生きる権利」です。そしてその考えを形にしたものがルールや決まりです。みんなが公平に，安心して生活することができるのはルールや決まりがあるからです。このことや，それぞれのルールの必要性が納得できるまで何度でも根気よく指導しましょう。小さなルール破りや違反を決して見逃さないように気を付けてください。

ルールが定着してきたら，みんなを褒めることも大切な指導です。

低学年では，教師主導のゲームや活動でルールを守る習慣を身につけさせるのも有効な方法です。

(4) 子どもたちへの対応

教師の指示に従わない子に対して，従う，従わないを別にしてきちんと注意や指導することが重要です。

他の子どもたちは教師の姿勢を注意深く見ています。教師の思いや誰にも公平に対応する態度を明確に示しましょう。

学級には，教師を支持してくれる子ども，反抗する子ども，そして様子を見ている傍観者的な子どもがいます。学級づくりのポイントは最も

多い傍観者的スタイルの子どもを育てることです。この子どもたちが支持してくれるようになれば学級の雰囲気がとても良くなります。そしてこの変化で，反抗していた子どもの態度が変わってきます。

　学習面，生活面，家庭面等，課題のある子にはその子の現状を十分理解することです。そして具体的な対応策を与えることが必要です。

(5)　教師の連携

　日頃から学級の子どもについての情報交換や課題についての解決策等を交流できる関係を作っておくことが必要です。分からないことは積極的に指導を受ける，他の教師の手本を学ぶ等の姿勢を大切にしましょう。

　学級の状態が深刻になり，授業崩壊や学級崩壊が危ぶまれる状況では，決して1人で抱え込まず，管理職や同僚の先生に援助を申し出ることです。そして学校として早急に支援体制を確立し，取り組みを進めることが必要です。

　学級崩壊は他の学級だけでなく，次年度以降にも影響を及ぼすことが多くありますから，全教職員で収束に努力することです。

(6)　保護者との連携

　日々の保護者との信頼関係の構築が問われることになります。

　保護者会等を通して状況の説明と家庭での指導をお願いします。その際には学校として指導していく取り組みを明らかにし，理解を求めます。

　良識ある保護者に積極的に協力を要請することも必要でしょう。理不尽な要求をする保護者が広がらないように注意しましょう。

著者紹介

山本修司

京都教育大学卒業。

大阪府下の公立小学校に教諭として22年間，管理職として13年間勤務。

その後，府下の市教育委員会研修課で教育推進プランナーとして教員や管理職の指導を担当。

現在，枚方市内の小学校で「道徳教育」，「学級づくり」等の研修で指導助言に当たると共に，［先生の相談室］を開室し，教員，保護者の教育相談に応じている。

日本教育カウンセラー協会会員

［著　書］

『教師の全仕事―教師の知っておくべき知識と技能―』（黎明書房）

［先生の相談室］　教育相談

https://senseinosoudanshitu.jimdofree.com/

学級担任の全仕事―学級づくり成功の秘訣―

2021年1月1日　初版発行

著　者	山　本　修　司
発行者	武　馬　久　仁　裕
印　刷	株式会社太洋社
製　本	株式会社太洋社

発　行　所　　株式会社 黎　明　書　房

〒460-0002　名古屋市中区丸の内3-6-27　EBSビル　☎052-962-3045
FAX 052-951-9065　振替・00880-1-59001
〒101-0047　東京連絡所・千代田区内神田1-4-9　松苗ビル4階
☎03-3268-3470

落丁本・乱丁本はお取替えします。　　ISBN978-4-654-02342-4
© S. Yamamoto 2021, Printed in Japan